19세기 조선,
생활과 사유의
변화를 엿보다

19세기 조선, 생활과 사유의 변화를 엿보다
— 『오주연문장전산고』를 통해 본 조선 후기 생활 문화

주영하·김소현·김호·정창권 지음

2005년 6월 10일 초판 1쇄 발행
2006년 12월 30일 초판 2쇄 발행

펴낸이 한철희 | 펴낸곳 돌베개 | 등록 1979년 8월 25일 제406-2003-018호
주소 (413-756) 경기도 파주시 교하읍 문발리 파주출판도시 532-4
전화 (031) 955-5020 | 팩스 (031) 955-5050
홈페이지 www.dolbegae.com | 전자우편 book@dolbegae.co.kr

책임편집 김희동 | 편집 이경아·윤미향·김희진·서민경
표지디자인 김상보 | 본문디자인 이은정·박정은·박정영
인쇄 한영문화사 | 제본 한영제책사

ⓒ 한국학중앙연구원

ISBN 89-7199-212-3 03910

책값은 뒤표지에 있습니다.

이 도서의 국립중앙도서관 출판시도서목록(CIP)은 e-CIP 홈페이지
(http://www.nl.go.kr/cip.php)에서 이용하실 수 있습니다.(CIP제어번호: CIP2005001052)

『오주연문장전산고』를 통해 본 조선 후기 생활 문화

19세기 조선, 생활과 사유의 변화를 엿보다

| 주영하 · 김소현 · 김호 · 정창권 지음 |
| 한국학중앙연구원 편 |

돌베
개

책을 내면서

최근 10년 사이 한국학계에는 '생활사'란 이름의 연구가 유행처럼 늘어났다. 기존의 사회사적 접근을 통해 밝혀내지 못한 구체적인 '생활'에 대한 관심이 이러한 성과를 내는 데 일조한 것으로 보인다. 그러나 한편으로 '생활사' 연구는 연구자들에 따라 각기 다른 관점에서 전개되고 있기도 하다. '의식주'를 주 대상으로 삼는 연구가 있는가 하면, 노동과 대응 관계에 있는 가정에서의 '생활'에 초점을 맞춘 연구도 있다. 이처럼 연구자에 따라 '생활사' 연구의 양상이 달라지는 가장 큰 원인은 '생활'이란 말이 지닌 비학문성 때문이 아닐까 싶다. 그런데 특히 근대 이전인 조선시대를 연구할 경우 '생활'이란 말을 정의하기는 더욱 어렵다. 왜냐하면 앞에서 이야기한 '생활'에 대한 관심은 적어도 근대적인 일상과 노동의 이분법적 구분에서 배태된 것이기 때문이다.

이런 점을 감안할 때 이규경 李圭景(1788~1856)의 『오주연문장전산고』五洲衍文長箋散稿는 조선 후기 사람들의 '생활'을 파악하는 데 없어서는 안 될 중요한 자료라고 할 수 있다. 특히 이 책에는 19세기 조선인의 다양한 삶의 모습과 사유에 대한 당대 지식인의 인식이 잘 드러나 있다. 알다시피 전체 1,417항목의 변증설로 구성된 『오주연문장전산고』는 이규경이 그때그때 발견한 생활 속의 의문을 변증이라는 방법을 통해 논증한 것이다. 그는 이 책에서 각종 문헌을 바탕으로 변증 대상의 연원을 밝히기도 했고, 본인이 직접 관찰하고 체험한 결과를 서술하기도 하였다. 따라서 『오주연문장전산고』는 조선 후기의 지식인 이규경이 당대의 각종 현상에 대해 의문을 가지고 그 연원을 따진 민속지의 일종이라고 해도 과언이 아니다.

『오주연문장전산고』는 총 60권 60책으로, 현재 필사본이 규장각에 보관되어 있다. 원래는 60책이 넘었을 것으로 추정되지만, 최남선崔南善이 60책만으로 책을 만들어 오늘날까지 전한다. 1958년 동국문화사에서 사출寫出 필사본을 저본으로 하여 영인본을 간행하였고, 1967년에는 민족문화추진회에서 「인사」편을 모아 국역본을 간행했으며 1982년에 다시 「경사」편의 국역본을 간행하였다. 이 책에서 다루고 있는 주제는 역사·경학·천문·지리·불교·도교·서학西學·예제禮制·재이災異·문학·음악·음운·병법·광물·초목·의학·농업·음식·복식·광업·화폐 등 그 종류를 헤아리기조차 힘들다. 20세기에 들어와 여러 학자들에 의해 이 책의 가치가 알려지기 시작했지만, 이처럼 방대한 주제와 필사본이라는 한계로 인해 본격적인 연구는 이루어지지 못했다.

조선 후기 생활사 연구에 관심을 가지고 2001년부터 함께 공부 모임을 운영하던 주영하·김소현·김호·정창권 등은 이러한 문제의식에서 출발하여 『오주연문장전산고』를 적극적으로 연구하기로 하였다. 그리고 그 시작으로 2004년 한국학중앙연구원(당시 한국정신문화연구원)의 원내 연구 과제 공모에 『오주연문장전산고』를 통해 본 조선 후기 생활

문화 연구'라는 주제를 신청하여 약 9개월 동안 공동 연구를 수행하였다. 이 책은 그 연구의 결과물이다.

연구자들은 각자의 전공을 바탕으로 이규경이 인식했던 조선 후기의 생활에 대해 고찰하였다. 연구 책임을 맡은 주영하는 민속학, 김호는 의학사와 조선시대사, 김소현은 복식사, 그리고 정창권은 국문학의 시각에서 『오주연문장전산고』를 살폈다. 그러나 연구는 생각만큼 쉽게 이루어지지 않았다. 앞에서 밝혔듯이 이 책은 일부만 번역되어 있을 뿐, 대부분은 그렇지 않기 때문이었다. 더욱이 필사본이기 때문에 전체를 읽는 데 어려움이 많았다. 결국 각자의 관심 분야에서 이규경의 인식을 밝히는 데 초점을 맞출 수밖에 없었다.

주영하와 김호가 집필한 「생활사 연구와 이규경」은 민속학의 측면에서 기존의 생활사 연구 경향을 조망하고, 앞으로 지향해야 할 연구 방향을 소개한 글이다. 그중에서 김호가 집필한 이규경의 생애 부분에서는 그동안 밝혀지지 않은 이규경의 활동을 정리하였다. 특히 족보를 통해 이규경이 1856년에 사망했음을 밝히는 성과를 거두었다. 따라서 앞으로 이규경과 관련된 서술에서는 그간 물음표로 표시하던 그의 사망 연도를 1856년으로 분명히 할 필요가 있다.

김호가 집필한 「이규경이 본 신체와 의학」은 몸에 대한 이규경의 인식을 잘 보여준다. 전통적인 양생론을 주장한 허준許浚과 달리 서양 지식의 영향을 받은 이규경은 몸의 중심이 '근골'筋骨이라고 생각하였다. 즉 몸의 기초가 되는 뼈와 뼈를 움직이는 근육이 신체의 중심이기 때문에 적당한 노동과 운동이 건강을 유지하는 방법이라고 생각했던 것이다. 이를 통해 이규경이 신체에 대한 근대적인 인식을 지니고 있었음을 확인하였다.

김소현이 쓴 「19세기 조선의 의생활 풍속」에서는 이규경이 복식에 대해 매우 깊은 관심과 지식을 가지고 있었다는 사실을 밝혔다. 이규경은 옷을 만드는 데 필요한 옷감의 양은 물론이고, 각종 옷의 구성도를 그려낼 수 있는 자료를 구체적으로 제시하였다. 특히 겉으로 드러난 모양새나 색깔 등을 밝히는 데 그치는 것이 아니라 각종 옷감의 종류와 실제 수치까지도 정확하게 기록으로 남겼다. 이것은 이규경이 얼마나 실사구시實事求是를 중요하게 생각했는지를 알 수 있는 단서가 된다.

주영하가 집필한 「19세기 세시 풍속에 대한 지식인의 인식」은 이규경이 일 년이라는 시간 단위와 명절, 절기 등을 어떻게 인식했는지 살핀 글이다. 이규경은 그의 친구 최한기와 함께 근대적 지식인으로 손꼽힌다. 그러나 세시 풍속에 대한 그의 인식을 살펴본 결과, 근대적인 사고를 온전히 갖추지는 못했음이 드러났다. 즉 19세기 중반, 도시 중간층 출신의 지식인인 그는 비록 이전과는 다른 신선한 제안들을 내놓았지만, 그 인식의 바탕에는 왕조 체제에 대한 긍정적인 입장이 내포되어 있었다.

정창권의 글 「조선 후기 시각 장애인의 삶과 사회적 인식」은 이규경의 변증을 중심으로 조선시대 시각 장애인의 삶과 그들에 대한 사회적 인식을 분석한 논문이다. 오늘날 우리가 생각하는 것과 달리 그 당시 시각 장애인은 차별의 대상이 아니었다. 오히려 조선시대에는 '장애'라는 차이를 더욱 효과적으로 수용하여 그들에게 맞는 사회적 역할을 맡기는 사회 체제가 갖추어져 있었다. 결국 시각 장애인에 대한 차별은 근대의 산물에 지나지 않는다는 사실을 알 수 있었다.

이 책의 마지막에는 '생활사 연구, 어떻게 할 것인가'라는 주제로 네 명의 연구자들이 토론한 내용을 실었다. 토론 과정에서 생활사는 결코 역사학이나 민속학에 속한 하위 분야가 아니라, 역사를 바라보는 종합적인 시각의 결과물임을 확인하였다. 나아가 '생활사'란 용어를 다시 정의해야 함은 물론이고, 생활사에 대한 논의를 통해 오늘날 한국 사회에 의미 있는 역사의 모습을 재구성하는 작업이 더욱 구체적으로 전개되어 야 한다는 결론을 얻었다.

이상의 간략한 소개를 통해서도 알 수 있듯이 이 책은 『오주연문장 전산고』에 대한 종합적인 연구의 결과가 아니며 생활사 연구의 전범 또 한 아니다. 다만 우리의 연구는 앞으로 다양한 전공의 연구자들이 함께 역사를 연구할 수 있는 가능성을 열어놓았다는 점에서 작지만 나름의 의의를 지닐 수 있으리라 생각한다. 이런 한계를 지닌 책임에도 불구하 고 돌베개에서 선뜻 출간을 승낙해준 것은 우리의 연구보다 더 큰 의미 를 지닌다고 할 수 있다. 특히 어설픈 글을 꼼꼼하게 살펴준 돌베개 편 집부 여러분께 감사의 인사를 전한다.

2005년 6월, 글쓴이를 대표하여
주영하 씀

차례

생활사 연구와 이규경 │ 주영하·김호

이규경의 의학론과 신체관 │ 김호

19세기 조선의 의생활 풍속 │ 김소현

주영하 | 한국학중앙연구원 한국학대학원 교수, 민속학

김 호 | 경인교대 교수, 한국사

이 글은 『오주연문장전산고』를 분석하기에 앞서, 민속학을 중심으로 생활사 연구의 경향과 전망을 살펴보고, 이규경의 생애를 구체적으로 밝히기 위해 마련되었다. 한국 민속학에서 생활사를 연구하기 위해서는 오늘날의 민속 현상에 대한 심층적인 연구는 물론이고, 전근대와 근대의 전환기를 시간 축으로 민속의 형성 과정에 대한 궁구가 이루어져야 한다는 점을 강조한다. 아울러 이규경의 삶을 각종 문헌 자료와 족보를 근거로 밝힌다.

생활사 연구와 이규경

생활사에 대한 역사 민속학적 연구 경향

종래의 한국 민속학은 주로 전근대사회의 민속 현상을 그 연구 대상으로 삼아왔다. 즉 민속 현상이 과거에는 어떤 모습이었으며, 그것이 의미하는 원형적 형태 혹은 유형적 형태가 무엇인지를 밝히는 데 주력하는 경향을 보여왔다. 그래서 민속학은 현재적인 학문이라기보다는 과거 지향적인 학문으로 이해되기도 한다. 이것은 유럽에서 출발한 근대적인 학문으로서의 민속학이 태생적으로 지닌 지향점이기도 하다.

19세기 서구 사회에서 근대 학문으로 시작된 민속학은 그 연구 대상에 대한 입장에 따라 두 가지 다른 길로 갈 수밖에 없었다. 영국에서는 연구 대상을 개별적인 잔존 문화로 보는 입장이 주류를 이루었고, 독일에서는 전체 민족 문화의 기반으로 보는 입장이 강했다.[1] 그런데 한국 민속학은 식민지 상황에서 영국과 독일의 민속학적 경향을 모두 수용하였고, 해방 이후 남북 분단과 근대화 과정 등을 거치면서 정치적 요인으로 인한 부침을 겪기도 하였다. 그로 인해 아직 독립 학문으로서 이론적·방법론적 형태를 온전하게 갖추지 못하고 있는 것으로 보인다. 즉 문학적 민속학,[2] 역사학적 민속학,[3] 인류학적 민속학[4]이라는 세 가지의 서로 다른 경향은 한국 민속학의 정체성이 무엇인가 하는 문제를 다시 한 번 제기하게 만든다.

이두현 교수는 『한국 민속학 개설』韓國民俗學槪說(학연사. 1990)의 서론에서 "민속학은 과거 과학, 즉 역사 과학으로서 생활 문화(민속)의 역사적 구명究明과 아울러 현재 과학, 즉 사회과학으로서 그 구조적, 기능적 연구의 양면을 지향하며 상호 보완할 때 생활 문화의 충분한 사실적 구명과 과정적, 내면적 이해가 가능할 것이며, 인류의 체질·사회·민족·문화를 연구하는 인류학의 한 분야로서 그 일익을 담당하게 될 것이다"라고 주장했다. 그러나 이러한 주장은 해방 이후 한국 민속학의 주류적인 위치에 있던 문학적 민속학자들에 의해 제대로 반영되지 않았다. 그들은 오히려 설화·전설·무가 등의 구비문학을 대상으로 문학적 연구에 주력했고, 한국 문화와 한국인의 심성적 원형을 밝히는 데 연구의 목적을 두었다.

한국 민속학이 역사 과학으로서 자리 매김 해야 한다고 주장하며 이를 위한 구체적인 연구를 시작한 것은 1989년에 창립된 한국역사민속학회였다. 이들은 민족주의 역사학자로 알려진 손진태에 대한 관심을 바탕으로 역사 민속학적 접근을 강조했는데, 특히 문학적 민속학이 지닌 탈시대적·탈정치적 성격에 문제를 제기하였다.[5] 즉 오늘날까지 남아 있는 민속 현상이 고대사회에서부터 큰 변화 없이 지속되었다는 문학적 민속학자들의 탈시대적 주장은 한국 사회를 정체론적인 시각에 머물게 한다는 것이다. 아울러 변혁 운동의 주체로서 민중이 지녔던 민속적 세계관의 다양함 속에는 정치적인 계급성이 자리 잡고 있는 데도 불구하고, 그것을 잔존 문화화하여 정치적 관점을 배제하고 서술하는 태도는 그 자체가 몰역사적인 태도라고 주장하였다.

그 결과 민속의 주체인 민중이 자발적으로 이끌어온 '민중 생활사'에 대한 연구가 한국 민속학의 핵심이 되어야 한다는 주장이 제기되었다. 특히 역사적 과정을 합법칙적인 통일 과정으로 파악하는 역사 과학으로서의 민속학은 변혁의 주체에 관한 명쾌한 이해를 전제로 하기 때문에 각 시대, 각 인간의 구체적인 실제 생활을 염두에 두어야 한다고 강조하였다. 그러나 여기서 문제가 되는 것은 민중 생활사가 곧 역사학적 민속학의 주된 연구 대상인가 하는 점이다.

이에 대해 정승모는 다음과 같은 논의를 조심스럽게 펼친다. "거의 모든 민속학자들의 주장처럼 민속이라는 것이 과연 민간 속에서 살아 숨 쉬면서 시대를 초월하여 면면이 이어져 내려오는 것일지도 모른다. 그러나 그러한 주장이 그 근거를 확보하지 못하고 있음은 누구나 다 아

1) Dorson, R. M., *Folklore Research around the World: A North American Point of View*, Kennikat Press, 1961.
2) '한국민속학회'를 중심으로 국문학자들이 주도하는 민속학은 주로 구비문학에 초점을 맞추고 있다. 국문학계에서 그들의 위치가 주류가 아니라는 한계는 있지만, 그들이 그동안 수행해온 구비문학 자료의 수집·정리 작업은 충분히 학사적 의미를 지닌다.
3) 1990년에 창립된 '한국역사민속학회'는 한국 민중 생활사의 재구축이라는 과제를 오늘날까지 충실히 수행하고 있다. 다만 역사학의 입장에서 보면 이들의 연구 방향 역시 하나의 새로운 경향에 지나지 않는 것도 사실이다. 그럼에도 불구하고 역사민속학회를 중심으로 역사학·민속학·문화인류학·종교학 등의 학문 사이에서 이루어지는 부단한 교류는 민속에 대한 역사학적 연구라는 측면에서 일정한 성과를 내고 있다.
4) 1958년에 창립된 '한국문화인류학회'는 출발 당시 민속학자를 중심으로 구성되었다. 1969년부터 전국에 걸쳐 민속 종합 조사를 실시하여 『한국 민속 종합 조사 보고서』를 내면서 이 시기 민속학 발전에 공헌하였다. 이처럼 1980년대 중반까지 한국의 문화인류학자들은 민속학자와 마찬가지로 한국 문화를 주된 연구 대상으로 삼았다. 하지만 1990년대에 들어오면서 문화인류학자들은 외국의 지역학을 연구하는 데 집중하는 경향을 보이기 시작했다.
5) 주강현, 「역사와 민속: 변혁의 문제」, 『역사 속의 민중과 민속』(이론과실천, 1990) 8~26쪽.

는 사실이다. 한편으로는 그러한 주장에 반대한 나머지 민속에서 역사성을 제거해버리는 자들도 있다. 몰역사적이라는 점에서 양자는 같다고 할 수 있다. 객관적이고 과학적인 관점과 방법을 동원하여 민속에 역사성을 부여하는 일은 이러한 오류들을 바로잡는 기초 작업이자 당면 과제이다. 민속의 주체인 민民은 그러고 싶어서가 아니라 그럴 수밖에 없었던 신분적인 종속 상황에서 어쩔 수 없이 지배계급의 문화와 부정적이고 대립적인 관계를 맺게 된다. 이들의 열악한 생활 조건은 세련되고 일관된 이념과 지식을 창출한 것이 아니라, 그들이 부딪칠 수밖에 없었던 삶의 과제들을 해결해 나가기 위한 습속들을 세련되지 못하고 혼합된 방식으로 엮어낼 수밖에 없게 하였다. 그곳에는 저항적이고 활력적인 요소가 있어 지배층에게 위협이 되기도 하였으나 그 이상의 평가에 도달하기에는 한계를 지니고 있었다. 신앙 체계에서 보았듯이 민속은 주변화된 것들을 수용하여 민간화된 것이다. 그러나 이러한 민간화는 지배층의 의도와는 달리 전개됨으로써 다시 대립하는 양상을 보이기도 한다."[6]

즉 민중 혹은 민[7]의 모든 생활상은 결코 스스로에 의해 형성·변화되어온 것이 아니라, 지배 계층과의 상호 작용 과정을 거쳐 진행되어온 것이다. 그래서 이것을 '민속'이라는 말로 표현하기보다는 '풍속'이라고 해야 더욱 포괄적일 수 있다는 주장도 있다. 장철수는 풍속을 인간·시간·공간으로 구성되는 '생활 문화'라고 규정하고, 한국 사람이 이 땅에 살면서 겪는 생활 체험을 어떻게 역사적으로 범주화하여 관습적 태도로 체계화시켰는지를 밝히는 것이 한국 민속학의 과제라고 강조한다.[8] 가령 한국 사람이 시간과 공간을 어떻게 인식하고 있었는가 하는 것은 16세기에 나타나기 시작하는 『토정비결』土亭秘訣과 '풍수지리설', 『천기대요』天機大要를 통해 파악할 수 있다. 즉 "이 책들이 다루고 있는 중요한 내용은 근본적으로 한국의 생활 문화를 해명하는 작업에서 필수적인 민속지ethnography 자료로서의 가치를 지닌다. 이러한 자료의 바탕에 깔린 내용은 현세적이며 숙명적인 존재인 한국 사람들이 산수가 조화된 명당에서 날을 가리면서 일을 처리하는, 삶을 영위하는 방법에 관한 것이라고 요약할 수 있다"[9]는 것이다. 그래서 장철수는 한국 민속학의 위상을 역사 과학적인 방향에서 찾아야 하고, 동시에 특정 시대의 생활 문화는 사회과학적인 방법으로 규명해야 한다고 강조했다. 곧 당대의 현지 조사 자료와 과거의 역사 문헌 자료에 대한 동등한 관심이 한국 민속학의 생활 문화 연구에서 핵심적인 요소가 된다는 것이다.

그러나 이러한 주장은 방법론적 측면에서 여전히 일정한 한계를 지닐 수밖에 없다. 특히 현지 조사와 문헌 연구를 함께 진행해야 한다는 주장은 일견 타당해 보이지만, 다른 한편에서는 민속학 연구의 이론적 시각을 흩트려놓는 결과를 낳기도 한다. 앞에서도 밝혔듯이 민속학은 근대적인 학문이지만 주로 전근대에 관심을 가져왔다. 전근대에 대한 이해를 바탕으로, 전근대에서 근대로 변이되는 과정에서 오래된 관습이 어떻게 변동하고 적응하였는지를 밝히는 작업은 오늘날 한국에서 민속학이 수행해야 할 중요한 과제다. 이 과제를 수행하기 위해서는 국가의 통제와 규제, 기독교를 비롯한 서양의 종교적 신념, 학교교육을 통한 근대 교육, 박물관과 축제를 통한 민속의 부활과 민족주의의 함양 등의 근

6) 정승모, 「조선 풍속과 民의 존재 방식」, 『역사 속의 민중과 민속』(이론과실천, 1990) 139~140쪽.
7) 민중 혹은 민의 개념에 대한 논의는 별도의 복잡한 서술을 필요로 한다. 따라서 이 글에서는 일반적으로 통용되는 인식에 한정하여 이 용어를 쓸 뿐임을 밝힌다.
8) 장철수, 『한국 민속학의 체계적 접근』(민속원, 2000) 46~47쪽.
9) 장철수, 위의 책 47쪽.

대적 요소가 어떻게 사람들의 삶에 직·간접적으로 작용했는지를 이해해야 한다. 그뿐 아니라 근대국가나 국가기관 또는 기업에 의해 이루어진 문명개화·풍속 개량·민속 재생 등과 관련된 캠페인이 민속 행위를 직접 행하는 행위자에게 어떻게 인식되어 행동에 반영되었는가 하는 점에 대해서도 주목해야 한다.

따라서 필자는 당면한 한국 민속학의 과제는 다음 두 가지 일을 함께 수행하는 것이라고 믿는다. 첫째, 현재의 민속 현상에 대한 민속지 작성을 전문적으로 하는 일이다. 둘째, 현재의 민속 중에서 역사적으로 지속되어온 것에 대한 역사 민속학적 연구를 통해 그 변이 과정을 밝히는 일이다. 첫 번째는 주로 민속 현지 조사를 통해 확보한 자료를 기록으로 남기는 작업이며, 두 번째는 문헌 조사 및 기억의 재생을 통해 민속 현상의 전개 과정을 분석하는 작업이다. 이를 통해 민속학은 역사적으로 비주류였고 현재에도 비주류인 민民의 사유와 생활을 실천적으로 파악해야 한다.

생활사 연구의 방향

한국 민속학에서 민속 현상에 대한 서술은 오래된 습관에만 초점을 맞추어 이루어지는 경향이 있다. 특히 민속학적인 현지 작업field work은 과거 현상에 대한 관심에서 진행되는 경향이 강하기 때문에 장기간에 걸친 참여 관찰보다는 설문·면접을 통한 조사 작업이 주를 이룬다. 그런데 한국 사회는 근대화 과정에서 도시와 농촌을 가리지 않고 급격한 변화를 겪었다. 그 결과 겉으로 드러나는 사람들의 생활양식과 사고방식은 어느 지역을 막론하고 유사한 형태를 지니게 된 듯하다. 이 때문에 민속학 연구자들은 외견상 드러난 과거에 천착하게 되고, 이것은 결국 오래된 것에만 주목하는 과거형의 민속학 연구 경향을 더욱 강하게 만든다.

사실 오래된 습관은 '현재'라는 시점에서 보면 다양한 모습을 지니고 나타날 수 있다. 실제 오늘날의 삶 속에서 전혀 실천되지 않는 것들도 있으며, 실천은 되지 않지만 관념으로 남아 실천 행위에 일정하게 관여하는 것도 존재한다. 또 기억으로만 남아 사람들의 의례적 행위에서 무의식적으로 나타나는 경우도 있다. 따라서 민속 현상에 대한 연구는 시간적으로 오래된 것에만 집착해서는 안 되며, 궁극적으로는 현재의 삶에 일정하게 관여하는 오래된 문화적 규칙을 밝혀내는 데 목표를 두어야 한다.[10]

따라서 한국 민속학의 생활사 연구는 우선 오늘날 한국인의 삶에 영향을 미치고 있는 비교적 오래된 민속 현상이 역사적으로 어떻게 형성·변형되어왔는가를 이해하는 데 그 목적이 있다고 할 수 있다. 이를 더욱 명확하게 파악하기 위해 마련되어야 할 역사적 시간 축은 과거의 특정 시기가 아니라 현재와 밀접한 관련을 맺는 시간 축이어야 한다. 즉 현재의 문제의식에서 출발하여 민속 현상의 역사적 맥락을 이해하려는 노력이 필요하다. 이것은 다른 의미에서 역사의식 혹은 사관史觀의 문제와도 밀접한 연관이 있다.

그렇다면 이른바 '생활사' 연구[11]는 기왕의 역사학과 어떻게 다른

---

10) 주영하, 「민속지 작업에서의 의식주 연구에 대한 방법론적 검토」, 『전통의 활성화와 지역 문화의 발전 – 한국문화인류학회 제32차 전국대회 자료집』(한국문화인류학회, 2000).

11) 역사학계에서 생활사 연구에 대한 전망을 소개한 대표적인 논문은 다음과 같다. 우인수, 「조선시대 생활사 연구의 현황과 과제」, 『역사교육논집』 제23·24합집(역사교육학회, 1999) 825~854쪽. 이해준, 「생활사 연구의 역사 민속학적 모색」, 『역사민속학』 제13집

가? 생활사 혹은 생활문화사란 말에서 우리가 유념해야 할 것은 '생활'이라는 용어이다. '생활'이란 용어는 학문적인 영역보다는 실제 삶에서 더욱 광범위하게 쓰인다. 그런데 최근에 '생활사 연구'라고 하면 주로 '의식주를 중심으로 한 일상적인 생활의 역사에 대한 연구'라는 다소 막연한 정의를 내리는 경우가 많다. 그러나 의식주는 일상적인 생활 혹은 일상생활everyday life의 범주로 이해해야 하며, 이것은 '노동'과의 상대적인 대응 관계에 놓여 있다.

독일의 일상생활사 전문가 중 한 사람인 보르샤이트Borsheid는 일상생활을 "의식주처럼 가장 기본적이고 물질적인 삶의 형태로서, 매일 반복되고 장기적으로 지속되는 습관화된 삶"[12]으로 정의한다. 그에 따르면 반복성과 지속성이라는 특징을 가지고 있는 일상생활은 습관화라는 삶의 방식에 의거하여 안정과 평온을 유지시켜준다. 즉 일상생활은 사람들이 새로운 것에 접하게 됨으로서 받게 되는 충격과 이에 따른 긴장과 갈등을 해소시켜주는 안정된 삶의 장이라는 것이다.

따라서 산업사회에서 사람들의 생활이란 노동 생활과 일상생활로 구분되며, '생활사 연구'란 곧 사람들의 노동과 일상, 그리고 여가에 얽힌 온갖 일들의 변이 과정을 살피는 연구라고 정의해야 옳다. 일찍이 아날학파 학자들은 물질적 토대가 정신문화를 규정한다고 믿고 물질생활에 대한 역사학적 연구를 집중적으로 시행해왔다. 그 성과는 1970년대 이후 사유의 역사를 연구하는 방향으로 전개되었고, 그 결과 성립된 것이 바로 오늘날의 프랑스 문화사이다. 이것이 다른 의미로 한국에 소개되어 '생활사'라는 말로 불린다. 곧 생활사란 그 자체가 역사학이며, 주제주의적 접근을 하는 역사학의 새로운 접근 방식이라고 정의할 수 있다.

최근 한국의 서양사학계를 중심으로 미시사micro-history에 대한 소개와 논의가 활발한데, 이는 종래 거대 담론을 중심으로 전개되어온 역사 서술에 대한 일종의 반작용으로 보인다. 하지만 실제 한국사에서 미시사를 직접적으로 다루기는 매우 어렵다는 것이 중론인 듯하다. 특히 미시사를 처음 들고 나온 서유럽에는 미시사적 시각을 충족시켜줄 수 있는 포스터·일기·장부 등과 같은 자료가 다수 존재한다는 점에서 한국의 사정과는 다르다는 생각을 하는 학자들이 많다. 그러나 미시사에 대한 접근은 단순히 대상 자료의 존재 여부로 그 가능성을 따질 수 있는 것이 아니다. 미시사적 접근은 역사 행위 주체자의 다층성과 행위자 중심의 시각, 그리고 개인사의 재구성을 통해 이루어진다. 즉 특정 시대와 사건에 대한 공식적인 접근과 달리, 미시사는 역사적 현상을 현미경으로 들여다보듯이 세밀하게 관찰하되 연구 대상의 범위를 넓게 잡는 데 그 특징이 있다.[13] 따라서 단순히 연구 주제의 범위를 기준으로 미시와 거시를 구별하는 것은 잘못된 인식이다.

결국 민속학의 생활사 연구는 민속사와 같은 특수사에 대한 연구가 아니며, 의식주 연구에만 한정할 수도 없다. 더욱이 연구 시기를 조선시대나 일제시대와 같은 특정 시대에 한정해서도 안 된다. 그보다는 먼저 현재의 민속 현상이 가장 활발했던 시기를 밝히고, 그 민속 현상이 그 시기의 전체 사회 문화적 시스템에서 어떤 작용을 했는지 살펴야 한다. 이를 바탕으로, 각 시기별 시스템이 바뀔 때마다 어떤 변화가 일어났으며 그것이 의미하는 바가 무엇인지를 밝힐 필요가 있다. 즉 민속학의 생활사 연구는 사회 문화적 시스템에 근거하여 한국사의 시대를 구분하

(한국역사민속학회, 2001) 31~48쪽. 곽차섭, 「새로운 역사학의 입장에서 본 생활사의 개념과 방향」, 『역사와 경계』 제45집(산경남사학회, 2002) 161~172쪽.

12) 노명환, 「지역학의 개념과 방법론-일상생활문화사를 중심으로-」, 『국제지역연구』 제3권 제1호(한국외대 외국학 종합 연구센터, 1999) 12쪽에서 재인용.

13) 위르겐 술룸봄, 「미시사-거시사 토론을 시작하며」, 『미시사와 거시사』(궁리, 2001) 32쪽.

고, 그 각각을 서로 다른 문화 체계로 이해해 비교 문화적인 관점에서 해석하는 방향으로 나아가야 한다.

가령 조선시대 성리학을 연구하는 역사학자는 사상사·제도사·정치사 등에 초점을 맞추겠지만, 민속학의 생활사 연구자는 성리학이 실천되는 과정에서 나타나는 친척 조직·제사 의례·혼인 의례 등에 관심을 가질 것이다. 그런데 조선시대에 성리학적 이념이 사람들의 생활에서 구체적으로 실천되는 모습을 살펴보면, 적어도 15세기 중엽부터 16세기 말까지는 양반 사회를 중심으로 성리학적 이념이 문화 변용을 겪는 시기라고 할 수 있다. 친영親迎의 문제, 남녀 윤회봉사輪廻奉祀의 문제, 손외여타孫外與他의 문제 등은 17세기에 들어와서야 겨우 해결된다. 즉 『주자가례』朱子家禮가 구체적으로 정착되는 시기는 17세기 이후이며, 이때는 양반 사회뿐만 아니라 상민 사회에서도 이념적 실천이 보편화된다. 따라서 15세기 중엽부터 16세기 말까지의 과도기를 전후하여 사회문화적 시스템이 달라짐을 확인할 수 있다. 이것은 성리학이 일상생활에서 실천될 뿐 아니라 다른 민속 현상에까지 영향을 미쳤음을 의미하는 것이기도 하다.[14]

아울러 민속학자는 역사학자와 달리 사료뿐만 아니라 그 시대 사람들의 사고방식이 녹아 있는 속담·속신·설화 등을 근거 자료로 사용할 수 있다. 주지하듯이 민속학은 그림Grimm 형제가 기독교 전래 이전에 게르만 민족이 지녔던 문학적 형태의 설화를 모은 글을 1812년에 출판하면서 본격적인 학문적 기초를 형성하기 시작했다. 따라서 민속학 연구의 핵심적인 대상은 이른바 '구비문학'에 있는 것으로 이해된다. 그러나 '포크로어'folklore 또는 '폭스쿤데' Volkskunde는 그 연구 대상을 '민중적'인 구비문학에만 한정하고 있지는 않다. 오히려 제도화되어 있는 것에 대응하여 민간적인 차원에서 전승되는 문화적 전통이나 전승을 가리키는 의미가 더 강하다. 따라서 '포크로어'는 단지 민중이란 의미에만 한정되는 것이 아니라 전前 산업사회에서의 비문자적 전승을 의미하기도 한다. 전 산업사회에서는 권력 집단이 문자를 장악하고 있었기 때문에 문자는 제도와 일맥상통하는 말이었다. 그러므로 민속학은 현재 사람들의 삶에 담겨 있는 '구비 전승'oral tradition을 연구하는 학문이라고 할 수 있다. 이런 의미에서 전 산업사회에서 문자화되지 않은 채 전해져오는 전설·설화·민담은 민속학의 생활사 연구에서 중요한 자료가 된다.

비록 문자화되어 전하기는 하지만, 정약용丁若鏞(1762~1836)이 지은 『이담속찬』耳談續纂은 그 좋은 예가 된다. 가령 이 책에는 '醓醓之市嗟爾佛子'(젓갈 가게에 중이라)라는 속담이 나온다. 이 속담은 '자기와는 아무 관계없는 것을 쓸데없이 보고 있다'는 뜻으로 쓰이는데, 이를 통해 적어도 정약용 이전 시대에 젓갈을 전문적으로 판매하는 가게가 있었음을 확인할 수 있다. 동시에 이것은 젓갈이 19세기 초반, 일상에서 상당히 보편적으로 쓰였음을 보여주는 자료이기도 하다.

전설 역시 역사적 자료로서의 의미를 지니고 있는 경우가 많다. 부여 지역의 낙화암 전설의 경우 성리학이 수용되기 전에는 단순히 의자왕에 대한 동정과 질시가 타사암墮死巖이란 이름에 상징화되어 있었다.

---

14) 정승모는 민속이 민간 속에서 면면이 이어져 내려오는 것이라는 민속학자의 주장에 반대하면서 민속이란 용어 대신 '풍속'이란 말을 썼다. 즉 풍속에서는 지배층과 피지배층의 관계가 일방적이지 않으며 반드시 대립적이지도 않다고 보았다. 가령 조선시대의 유교적 관념 체계는 이미 조선 전기부터 『朱子家禮』의 보급을 통해 중심적이고 체계적으로 민간화해갔다는 것이다. 따라서 『朱子家禮』는 당시 사회에서 대표적인 이데올로기적 실천 기구의 역할을 하였으며, 신분 상승을 지향하는 피지배층에게도 실천적으로 수용되었다고 분석했다. 자세한 내용은 정승모, 「조선 풍속과 民의 존재 방식」, 『역사 속의 민중과 민속』(이론과실천, 1990) 140쪽을 참조할 것.

그러나 고려 말의 성리학자 이곡李穀에 의해 '의자왕과 신하는 궁녀를 버리고 달아났지만, 궁녀들은 의리를 지키기 위해 물에 떨어져 죽었다'는 이야기로 변이되면서 미화된 낙화암洛花巖이란 이름을 얻게 되었다.[15] 전설에 대한 이 같은 역사학적 접근을 통해 그것이 변이 과정을 거치면서 어떻게 시대정신을 담게 되었는지를 밝힐 수 있으며, 동시에 그 당시의 시대정신이 담론화되는 과정도 밝힐 수 있다. 즉 낙화암 전설을 통해 지배층의 성리학적 이념인 의리가 민간에 정착되는 과정은 물론이고, 일제시대와 해방 이후 이 전설이 노래로까지 변이되는 과정에 담긴 시대정신과 지역적 담론까지도 풀어낼 수 있는 가능성을 발견할 수 있다.[16]

그러므로 한국 민속학의 생활사 연구는 오늘날 현지 연구에서 발견되는 각종 비제도적 구비 전승인 민속 현상에 대한 심층적인 연구와, 한국 사회에서 통용되는 오래된 관습의 형성 과정에 대한 역사학적, 비교 문화적 접근이 동시에 이루어져야 한다. 이런 면에서 한국 민속학이 "역사적 발전을 전제로 하여 현재 민속의 구조와 기능을 구명해야 한다"는 이두현의 지적은 지금도 여전히 유효하다.

이에 필자는 한국 민속학이 견지해야 하는 생활사 연구의 방향성을 다음과 같이 제안하고자 한다. 첫째, 현재적 관점이 중요하다. 오늘날 한국인의 삶 속에서 일정하게 행위규범으로 작용하고 있는 문화 현상에 초점을 맞추고, 여기서 출발한 문제의식으로부터 연구를 진행해야 한다. 이것은 역사학이 지닌 과거 지향적인 경향과는 다르다. 둘째, 역사학 연구의 주된 근거 자료인 문헌에 충실해야 한다. 다만, 문헌 중심 해석에서 벗어나 동아시아적 체계 속에서 비교 문화적 접근, 생태 문화적 접근, 상징 인류학적 해석 등을 할 필요가 있다. 아울러 풍속화·유물·속담·속신·전설 등을 통한 사회 문화사적 접근이 함께 이루어져야 한다. 셋째, 문화적 상징에 관심을 가져야 한다. 문화는 정태적靜態的인 것이 아니라 동태적動態的인 것이다. 전체 사회가 변동함에 따라 문화 요소 역시 변하며, 동시에 그 문화 요소의 기능 및 상징의 변화는 또 다른 변동을 불러일으킨다. 따라서 어떤 문화 요소의 기능이나 상징을 설명할 때는 우선 그 문화 요소의 기능이나 상징이 역사적으로 어떻게 변동되어왔는지를 살펴야 한다. 동시에 그것이 사회·문화 체계와 어떤 관련성 속에서 형성되었는지에 대해서도 이해할 필요가 있다.

특히 비교적 역사 자료를 풍부하게 지니고 있고, 역사적 경험이 크게 단절되지 않은 한국 사회에서 생활 문화사 연구는 당연히 조선시대까지 거슬러 올라가야 한다. 이를 위해서는 고한문古漢文 문헌과 일제시대의 고일문古日文 문헌에 대한 이해가 선행되어야 함은 분명하다. 그래야만 오늘날의 한국 문화를 이해하기 위한 방편으로서 생활사 연구가 지니는 의미를 확고히 할 수 있다.

그런 의미에서 민속학·복식학·한국사·국문학 연구자가 공동으로 이규경李圭景의 『오주연문장전산고』五洲衍文長箋散稿를 주 텍스트로 하여 이 책을 집필하였다. 전근대와 근대가 맞물리는 시기인 19세기 중반은 '생활과 사유'의 측면에서 적지 않은 변화가 일어났던 때이다. 이 시기에 이규경이 지녔던 신체관과 의학론, 의생활 풍속에 대한 지식, 세시 풍속에 대한 인식, 시각 장애인에 대한 인식을 통해 구체적인 '생활과

---

15) 황인덕, 「부여 낙화암 전설의 형성과 전개」, 『한국문학논총』 제29집(한국문학회, 2001) 155~184쪽.
16) 로버트 단턴이 1984년에 출간한 『고양이 대학살』이란 논문집의 「농민들은 이야기한다: 마더 구스 이야기의 의미」는 농민들의 민담을 통해 18세기의 프랑스 역사를 새롭게 논의한 예로, 전설을 생활사의 자료로 어떻게 이용할 수 있는지를 보여준 좋은 사례이다. 이런 점에서 한 학문의 정체성을 규정하는 기준은 연구의 대상이 아니라 이론과 방법이라는 점을 강조하지 않을 수 없다.

사유'의 변이 과정을 살피려 하였다. 생활사 연구에서 우리는, 전근대에서 근대로의 변환 과정에서 한 개인이 그가 속한 계층·지역·연령에 따라 다른 경험을 겪는다는 사실에 관심을 가져야 한다. 특히 '생활과 사유'의 변화가 개인에게 어느 정도 진행되었는지에 대한 연구는 실천적인 측면에서 살펴야 할 부분이다. 이것이 『오주연문장전산고』에 담겨 있고, 필자들은 이에 대한 해석 작업을 통해 시대적 상황을 조망하려 하였다.

이규경의 생애

오주 이규경五洲 李圭景(1788~1856)은 일제시대 이래 박물학자로서의 면모와 그의 초고본 문집 『오주연문장전산고』의 방대함 등으로 인해 일찍이 학계에 부각되었다. 이능화李能和는 「불교와 조선 문화」에서 불교에 대한 이규경의 변증을 인용한 바 있고,[17] 국학자 김윤경金允經 역시 「훈민정음의 창정創定, 조선 문자의 역사적 고찰」[18]을 기고하면서 한글에 관한 변증을 참고하였다. 이처럼 이규경의 문집은 일제시대에 이미 지식인들 사이에 널리 알려졌다.

그러나 정작 이규경 본인의 역사와 전기에 관해서는 알려진 바가 극히 적었다. 그가 본격적으로 알려지기 시작한 것은 1958년이었는데, 『오주연문장전산고』가 동국문화사에서 영인·출간될 때 해설을 쓴 김상기金庠基에 의해 간단하게 소개되었다.

우리나라의 실학은 선광宣光(선조와 광해군) 연간 이래 중국으로부터 전해오던 서학西學과 청조淸朝 고증학의 영향 밑에서 이루어지고 발전되어온 것이

어니와 그것을 집대성한 분은 실로 앞에 있어서는 정다산(정약용)이요 뒤에 있어서는 이오주(이규경)라 할 것이다. 이오주는 덕무德懋의 손孫이요, 광규光葵의 자子로서 정조 12년(1788)에 서울에서 출생하였는데, 이름은 규경이요 자는 백규伯揆이며, 오주는 그의 호이다. 그의 학문은 실로 연원을 가정에 두었다 할 것이니, 그의 조부 아정은 박람강기博覽强記하여 고금의 제자백가와 기문이서에 관통하고 문장에 있어서도 신조新調를 일으켜 인정人情과 물태物態를 곡진히 그려내었다.[19]

이규경의 생애에 대한 그 후의 연구 역시 간략한 정보와 추측을 추가하는 정도였다. 정조대 규장각 검서관을 지낸 아정 이덕무雅亭 李德懋(1741~1793)의 손자이자 역시 검서관을 지냈던 이광규李光葵의 아들로 1788년 서울에서 태어난 사실, 자가 백규伯揆이고 호가 오주五洲라는 사실, 그리고 그의 저서에 1846년의 기록이 실려 있는 것으로 보아 최소한 1840년대까지 활동했음을 추론한 글들이 그것이다.[20]

이규경의 가계도

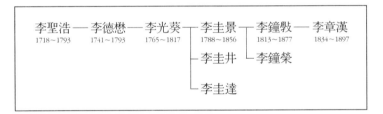

17) 『별건곤』 제12·13호(개벽사, 1928).
18) 『동광』 제26호(수양동우회, 1931).
19) 김상기, 「오주연문장전산고서」, 『오주연문장전산고』(동국문화사, 1958).
20) 원유한, 「오주 이규경의 화폐경제론」, 『동양학』 제21집(단국대 동양학연구소, 1991).

이후 이규경이 최한기崔漢綺, 최성환崔瑆煥, 김정호金正浩 등과 교유하였으며 충주의 덕산 삼전리·성암리, 충남 세원 봉암리 등 충주 일대에서 거주한 사실이 밝혀졌다.[21] 그 밖에 시문집을 분석한 결과 그의 생애에 대한 몇 가지 사실들을 추가로 규명할 수 있었다.[22]

우리 집안이 성을 얻은 이래로 가난함을 전해온 지 이제 400여 년이니 가난은 어찌 청전구물靑氈舊物(대대로 전해오는 오래된 물건)이 아니겠는가? 후손들이 비록 불초하였지만 이런 가운데서도 능히 큰 허물없이 지켜왔고, 집안의 선대 4대의 손수 쓴 작은 책자와 초고草稿 휴지 및 역대의 관고官誥가 모두 네 짐에서 모자라지 않으니 유염대劉念臺(유즙산. 명말 청초의 학자)의 한 짐에 불과했다는 것보다는 나은 것이 아니냐? 차라리 여기에 안주하여 안자顔子처럼 즐겁게 여길지언정 양웅揚雄처럼 괴롭다고 밀쳐버리려고 해서는 안 된다. 만약 감당하지 못하면 가난을 위해 죽을 따름이다.[23]

이규경은 비록 가난했지만 면면히 이어오는 집안의 가학家學 전통을 자랑스럽게 여겼다. 조부 이덕무 이래 수대 동안 미관말직이나마 꾸준히 관직을 이어왔으며 조상들의 저술이 상당 정도 전해지고 있음을 매우 자부한 것이다.

한편, 이규경은 젊은 시절 대부분을 서울에서 보냈음이 확인된다. 예컨대 27세 때인 1814년에 마포 대정리 용산 강가에서 집을 세내어 살다가 몇 년 뒤에 서울 도성 안의 본가로 옮겨 살았음이 밝혀졌다. "나는 순조 갑술년에 마포 대정리의 집을 세 들었는데 정자 이름을 서호정西湖亭 혹은 만천정萬千亭이라 하였다. …… 강변의 한 정자에 소봉小峰이 거주하면서 아침저녁으로 다녔는데 이웃이나 마찬가지였다"[24]는 기록에서 이러한 사실을 확인할 수 있다. 여기서 소봉은 신교선申教善(1786~

1858)을 가리키는데, 이규경이 젊은 시절 신교선과 친분이 있었음을 알 수 있다.

이규경이 1814년 전후 서울 마포에 거주하였음은 『오주연문장전산고』에서도 확인된다. 그는 오리와 비슷한 새인 가마우지를 변증하는 대목에서, 자신이 마포에 살고 있으며 이 지역을 '삼호'三湖라고도 부른다고 하였다.[25] 또 '구고의'句股儀에 대한 변증설에는 서호정에 살 당시를 회고하는 내용이 실려 있다.[26]

이규경은 20대 후반부터 30대 중반까지는 서울에 거주한 것으로 보인다. 30세 때인 1817년에 용산 근처 한강에서 양쪽에 삽 같은 것을 꽂아 추진력을 내는 윤선輪船을 보았다는 기록[27]이나, 36세 때인 1823년 늦은 봄, 서울 북촌 화개동에서 친구들과 함께 꽃을 감상하다가 처음으로 아편을 보았다는 기록[28]은 그가 적어도 30대 중반까지는 서울에 거주하였음을 증명해준다.

젊은 시절 이규경은 서유본徐有本,[29] 신교선申敎善, 이종우李鐘愚, 최한기 등과 교분이 있었던 것으로 보인다. 후일 이규경이 충주에 거주할

---

21) 신병주, 「19세기 중엽 이규경의 학풍과 사상」, 『한국학보』 제75호(일지사, 1994).
22) 정경주, 「오주 이규경과 『詩家點燈』의 시학 범주에 대하여」, 『부산한문학연구』 제9집(부산한문학회, 1995).
23) 정경주, 위의 책 303쪽에서 재인용.
24) 정경주, 위의 책 304쪽 참조.
25) 『五洲衍文長箋散稿』 卷14, 「鸕鷀獵魚辨證說」.
26) 『五洲衍文長箋散稿』 卷9, 「句股儀辨證說」.
27) 『五洲衍文長箋散稿』 卷18, 「飛船輪船辨證說」.
28) 『五洲衍文長箋散稿』 卷20, 「鴉片烟辨證說」.
29) 徐有本, 『左蘇山人文集』(아세아문화사, 1992). 서유본은 『규합총서』의 저자인 여류 실학자 빙허각 이씨의 남편이다. 이들 부부는 서울의 東湖에 살았는데 마포에 살던 이규경과 서로 왕래하며 학문을 교류했던 것으로 보인다.

때, 서울에 있는 최한기가 옛정을 생각해 책을 보내주었다거나 직접 충주로 찾아왔다는 기록들을 통해 이들과의 우정이 매우 두터웠음을 짐작할 수 있다.[30]

그런데 1826년 충청도 서림군(오늘날의 서천군 지역)에서 서울로 돌아와 성북 장의동 대은암(金履喬의 별장)에 세 들었다는 기록을 보면, 1823년부터 1826년 사이에 잠시 충청도 서천군에 내려갔다가 귀경한 것으로 생각된다. 이후 그의 행적은 별로 드러나지 않는데,『오주연문장전산고』에도 40대의 활동을 알 수 있는 내용은 없다. 39세 이후부터 49세까지 약 10년 정도의 그의 행적은 참으로 묘연하다고밖에 할 수 없다. 충주 지역으로 이거한 상태에서 별다른 활동을 보이지 않았던 것으로 추측할 뿐이다.

49세 때인 1836년, 대전의 남모南某라는 사람이 땅콩을 재배한다는 소식을 듣고 몸소 가서 관찰하였다는「낙화생변증설」落花生辨證說[31]을 보면 이미 서울 이외의 지방으로 이주하였을 가능성이 높다. 이듬해인 1837년 남대문을 구경하러 서울에 다녀왔다는 기록[32]을 통해 이러한 추측이 사실임을 확인할 수 있다. 그리고 1840년 무렵, 충주의 북문 밖에 살다가 다시 덕산 성암리로 이주했다는 자료[33]들이 산견散見되는 것으로 보아 서울을 떠나 충주 일대로 이주한 것으로 보인다. 물론 1844년(헌종 10)에 서울 필동의 당숙 집에 머물기도 하는 등[34] 이따금 서울에 올라오기는 했지만, 이규경은 50대 이후 줄곧 충주 지역에 거주했던 것으로 생각된다.[35]

이규경이 칩거한 충주는 그의 외가와 연관이 있는 지역이다. 이규경의 어머니는 동래東萊 정씨鄭氏로, 그녀의 아버지는 인조 때 영의정을 지낸 양파 정태화陽坡 鄭太和의 현손玄孫이었다. 이규경의 어머니 묘소가 충청도 중원군에 있는 것은 일찍부터 이 지역에 외가의 연고가 있었음을 보여주는데, 그 때문에 이규경이 충주 지역을 거주지로 선택했을 가능성이 높다. 중년 이후 충주 지역으로 이거한 이규경 역시 제천 덕산면에 무덤을 마련하였다. 그뿐 아니라 그의 아들과 손자 모두 제천 지역에 묘를 쓰고 있는 것으로 보아 충청도 일대에 친인척들이 거주하고 있었음을 확신할 수 있다.

이규경은 충주 일대에 거주하면서 멀리는 함경도 경원을 여행하기도 하고 가까이는 경상도 단양이나 산청 등지를 다니며 두루 견문을 넓혔다. 1843년 경원을 방문한 이규경은 경성부鏡城府에서 백두산 쪽으로 150리쯤 떨어진 곳에 심산유곡의 비경秘境이 존재한다는 사실을 전해 들었다.[36] 그리고 1841년에는 경상도 상주의 우복동牛腹洞에 직접 다녀와 이중환李重煥이 『택리지』擇里志에서 길지吉地 중의 길지로 평가한 우복동의 전설을 변증하기도 하였다.[37] 1846년에는 산청에 다녀오면서 서양 벼에 대한 이야기를 들었으며,[38] 1850년에는 청풍부의 이주경, 단양의 이시영 등과 함께 경상도 상주를 방문하였다.[39] 또 1852년에는 청풍부의 친척 집에 머물기도 하였다.[40]

---

30) 『五洲衍文長箋散稿』卷24, 「士小節分編刻本辨證說」. '계축년(1853) 가을 서울에 사는 최한기가 찾아와 책을 간행했다는 사실을 전하고, 갑인년(1854) 봄에 한 질을 보내오니 옛 정의가 깊었던 것을 알 수 있으며 감사한 마음을 형언할 수 없다'는 내용이 기록되어 있다.

31) 『五洲衍文長箋散稿』卷14, 「落花生辨證說」.

32) 『五洲衍文長箋散稿』卷34, 「鐘閣與天大鐘辨證說」.

33) 『五洲衍文長箋散稿』卷24, 「異石辨證說」.

34) 『五洲衍文長箋散稿』卷36, 「衣冠入藥辨證說」.

35) 『五洲衍文長箋散稿』卷14, 「地革辨證說」.

36) 『五洲衍文長箋散稿』卷35, 「樂土可作菟裘辨證說」.

37) 『五洲衍文長箋散稿』卷33, 「世傳牛腹洞圖記辨證說」.

38) 『五洲衍文長箋散稿』卷7, 「穭禾洋稻辨證說」.

39) 『五洲衍文長箋散稿』卷49, 「牛腹洞辨證說」.

40) 『五洲衍文長箋散稿』卷33, 「鼈人辨證說」.

그런데 이규경은 평소의 지병 때문에 마음껏 견문을 넓힐 수 없음을 안타까워하였다. "나는 각기脚氣와 마목痲木으로 팔다리가 듣지 않아 굽어지고 당겨 걸어 다닐 수가 없으므로 항상 말 잔등이나 인부의 어깨 힘에 의지한다. 이제 늙고 병들어 깊은 골짜기에 칩거하면서 대문 밖에 나가 회포를 풀고자 하지만 비루먹은 말이라도 구할 길이 없다"[41]고 한탄한 것이다.

그럼에도 불구하고 그는 '새로운 것'이라면 멀고 가까움에 관계없이 찾아다니는, 그야말로 실사구시의 정신을 지닌 학자였다. 특히 새로운 작물 실험에 관심이 많았던 이규경은 당시 중국 등 외국으로부터 도입되는 새로운 씨앗을 얻는 데 많은 노력을 기울였다. 충주 북문 밖에 살 당시에도 흑맥黑麥 종자 10여 알을 구해 재배하였는데, 씨앗의 출처를 물어 경기도 포천의 이씨가 사신을 따라 연경에 갔다가 얻어 왔다고 추측한 그는 1840년경 덕산 성암리에 다시 우거하면서 이를 심는 열정을 보였다.[42] 이 밖에 새로운 무 품종[43]이나 낙화생落花生(땅콩)도 그의 주요 관심사 가운데 하나였다. 1842년에 서유구가 그의 집에서 낙화생을 재배하자, 이규경은 그에게서 씨앗을 얻어 다양한 재배 실험을 시도하였다.[44]

한편, 말년인 1855년 무렵 개천사지에 다녀왔다는 기록[45]을 마지막으로 이후의 활동에 대한 기록은 더 이상 나타나지 않는다. 이로 추정해 보면 그는 68세 이후에 사망하였을 가능성이 높다. 또한 족보를 살펴보면 이듬해인 1856년 5월 16일에 사망한 것으로 되어 있다.[46] 따라서 1856년을 그가 사망한 해로 보는 것이 합당할 것이다.

이규경은 새로운 것에 대한 실용적 호기심과 조그마한 것이라도 놓치지 않으려는 학문적 철저함으로 한 평생을 살다 간 진정한 실학자였다. 또한 우여곡절 끝에 현존하는 그의 문집 『오주연문장전산고』는 이규경의 그러한 면모를 오롯이 우리에게 전하고 있는 증거물이라 할 수 있다.

41) 정경주, 「오주 이규경과 『詩家點燈』의 시학 범주에 대하여」, 『부산한문학연구』 제9집(부산한문학회, 1995) 305쪽 참조.
42) 『五洲衍文長箋散稿』 卷1, 「黑麥辨證說」.
43) 『五洲衍文長箋散稿』 卷12, 「五色蘿葍辨證說」.
44) 『五洲衍文長箋散稿』 卷14, 「落花生辨證說」.
45) 『五洲衍文長箋散稿』 卷24, 「士小節分編刻本辨證說」.
46) 『全州李氏茂林君派譜』 卷1, 「全州李氏茂林君派譜所」(회상사, 1985) 263쪽.

김 호 | 경인교대 교수, 한국사

서울대 국사학과를 졸업하고 동 대학원에서 「『동의보감』 편찬의 역사적 배경과 의학론」으로 박사 학위를 받았다. 경인교대 사회교육과 교수로 재직 중이다. 최근에는 조선시대의 과학사와 생활사를 중심으로 연구를 진행하고 있다. 역사를 '지속되는 과거 속에 변화하는 현재'로 보고 살아 움직이는 전통의 맥락을 파악하고자 한다. 특히 오늘날로 이어지는 조선 후기 생활 세계의 역사적 관성에 관심을 가지고 18~19세기에 주목하고 있다. 저서에 『허준의 『동의보감』 연구』, 『조선 과학 인물 열전』, 『조선시대 생활사』(공저) 등이 있다.

이 글은 2003년 한국학중앙연구원(당시 한국정신문화연구원) 워크숍에서 발표한 「오주 이규경의 신체관 및 의학론」을 수정 보완한 것이다. 이규경의 문집을 통해 조선 후기 전통적인 의학론의 변화와 함께 의료 생활의 다양한 양상을 밝혔다는 점에 의의가 있다.

이규경의 의학론과 신체관

의학과 신체에 대한 관심

이규경의 『오주연문장전산고』가 일제시대에 발견되어 현재까지 전하게 된 경위에 대해서는 김춘동의 글[1]에 자세히 나와 있다. 육당 최남선의 초고본을 당시 경성제국대학 도서관에서 필사해둔 것이 현재 서울대학교 규장각에 전하게 된 사연이나, 1959년 동국문화사에서 이를 영인한 사실 등이 소개되어 있다. 그러나 서울대 소장 필사본의 경우 전사傳寫 과정의 오류가 많아 텍스트 선본善本 작업이 필요하였으므로 현재 민족문화추진회에서 이를 계획하여 실행하고 있는 중이다.[2]

어쨌든 방대하고도 다양한 소재에 대한 '변증'으로 19세기 박물학자의 전형적인 모습을 보여준 이규경에 대해서는 그간 다양한 분야, 이를테면 과학사,[3] 미술사,[4] 경제사,[5] 사상사,[6] 국문(어)학,[7] 종교,[8] 서양인식[9] 등에서 연구가 시도된 바 있다. 최근에는 북한에서도 관심을 가지는 것으로 보인다. 그럼에도 여전히 『오주연문장전산고』에 대한 종합적이고 전반적인 연구는 이루어지지 않고 있다. 그의 저작이 방대하고 난해한 데다 초고 형태를 띠어 체계가 없기 때문이다.

이 글 역시 『오주연문장전산고』에 대한 종합적인 고찰은 되지 못한다. 도리어 매우 협소하고 세밀한 부분을 다루고자 한다. 이른바 신체와 의학론을 둘러싼 다양한 변증들을 검토하려는 것이다. 최근 '의학' 혹은 '몸'은 역사학은 물론이거니와 인접 학문인 인류학, 철학, 사회학, 커뮤니케이션, 광고, 미술 등 다양한 사회·인문과학 분과로부터 관심을 받고 있는 소재이다.[10] 굳이 동서양의 심신론心身論을 거론하지 않더라도 이미 몸은 인간 존재의 출발점으로 인식되고 있다. 이규경 역시 몸이 격물치지의 출발점임을 주장한 바 있다.

> 무릇 격물格物·궁리窮理한다는 학자로서 인형人形의 내경內景·외경外景의 장부臟腑와 골육骨肉이 어떻게 되어 있는지 전혀 알지 못하면서도 앉아서 천문·지리나 담론하면서 스스로 그것을 고상한 운치로 삼고 천고千古를 무시하는 자가 있으니, 이것이 무슨 사리인가. 내가 이를 부끄럽게 여겨 이런 변증을 하게 되었다.[11]

사실 의학론과 신체에 대한 이규경의 다양한 변증들은 상당 부분 조선시대 지식인들이 공유하고 있던 전통적인 인체관의 패러다임에 근거하고 있다. 앞으로 자세하게 논의하겠지만 인체와 의학에 대한 이규경의 사고는 전통적인 사고에 당시 새롭게 수입되고 있던 서양의 패러다임이 습합되어 형성된 것이었다. 서구의 과학 지식 정보는 이미 18세기부터 여러 경로를 통해 조선의 지식인들에게 전파되고 있었고, 이러한 지식들은 전통적인 신체관과 서로 갈등하고 섞이는 과정을 겪으면서 상식의 저변으로 침투해 들어갔다.

이규경의 의학론과 인체론 역시 그가 살았던 19세기 전·중반의 '상식'과 '문제의식'에서 멀리 떨어져 있지 않다. 이규경이 비록 서양의 근대적인 지식을 수용하긴 했지만 당대의 인식 틀에서 완전히 벗어나기는 어려웠기 때문이다. 다만 우리는, 젊은 시절 서울에 거주하다가 40대를 전후한 시기에 충주 일대의 한적한 시골로 이주한 재야 지식인의 사고방식을 19세기 중엽의 인식론과 생활태도라는 측면에서 주목해야 할

1) 김춘동, 「老蠧生涯」, 『민족문화연구』 제1호(고려대 민족문화연구소, 1964).
2) 민족문화추진회 홈페이지(http://oju.minchu.or.kr/oju/) 참조.
3) 전상운, 「이규경과 그의 박물학」, 『성신여대 사범대 연구논문집』 제4·5집(성신여대 사범대, 1972).
4) 장남원, 「조선 후기 이규경의 도자 인식: 『오주연문장전산고』의 「고금자요변증설」과 「화동도자변증설」을 중심으로」, 『미술사논단』 제6호(한국미술연구소, 1998).
5) 원유한, 「오주 이규경의 화폐경제론」, 『동양학』 제21집(단국대 동양학연구소, 1991). 원유한, 「오주 이규경의 상업론」, 『실학사상연구』 제3집(무악실학회, 1992).
6) 윤사순, 「이규경 실학에 있어서의 전통사상-그의 도불관을 중심으로-」, 『아세아연구』 제16권 제2호(고려대 아세아문제연구소, 1972). 윤사순, 「이규경 실학에 있어서의 전통사상」, 『실학사상의 탐구』(현암사, 1974). 이현종, 「이규경의 생애와 사상」, 『실학논총』(전남대출판부, 1975). 최경숙, 「오주 이규경 연구」, 『동의사학』 창간호(동의사학회, 1984). 신병주, 「19세기 중엽 이규경의 학풍과 사상」, 『한국학보』 제75호(일지사, 1994). 유명종, 「오주 이규경」, 『한국인물유학사』 제4권(한길사, 1996). 한국철학사연구회, 「실용적 박물학의 표본-오주 이규경」, 『한국실학사상사』(다운샘, 2000).
7) 강신항, 「이규경의 언어문자 연구」, 『대동문화연구』 제16집(성균관대 대동문화연구원, 1982). 정경주, 「오주 이규경과 『시가점등』의 시학 범주에 대하여」, 『부산한문학연구』 제9집(부산한문학회, 1995).
8) 양은용, 「오주 이규경의 도교관」, 『한국 도교문화의 초점』(아세아문화사, 2000).
9) 원재연, 「해국도지 수용 전후의 어양론과 서양 인식-이규경과 윤종의를 중심으로」, 『한국사상사학』 제17집(한국사상사학회, 2001).
10) 몸에 대한 최신 연구 동향을 모두 밝히기는 불가능하다. 그보다는 年前에 대만의 의학사 연구자들이 정리한 이른바 '몸에 대한 담론(The Discourse of Body)의 역사' 연구 목록인 「身體史文獻書目」(http://www.ihp.sinica.edu.tw/~medicine/book/body.PDF)이 참고가 될 것이다.
11) 『五洲衍文長箋散稿』 卷19, 「人體內外總象辨證說」.

것이다.

이규경의 변증은 그 자체가 19세기 중엽의 민족지民族誌라 할 수 있을 만큼 당시의 풍속과 세태를 잘 묘사하고 있다. 예컨대 조선 후기에 문제가 되었던 여성들의 덧머리인 '가체'가 순조대 이후 점차 폐지되어 머리 뒤에 쪽을 지고 비녀를 찔러넣는 풍속으로 변한 사실[12)]을 전해준다. 또 19세기 전반인 순조대에 인삼을 상업적으로 재배한 가삼家蔘이 너무 성행하여 사람들이 인삼을 도라지 보듯 한 사실도 알려준다. 당시 의원들이 처방에 인삼을 남용하여 18세기 전반에는 부귀한 자들만 복용하던 인삼을 필부필부마저 사 먹는다고 지적한 학자들의 글과 상통하는 내용이다. 이러한 점에서 가삼에 대한 이규경의 변증[13)]은 매우 흥미롭다.

이 밖에 조선에서는 분만 후 4~5차례 미역국을 먹는 풍속이 있는 반면 이웃 중국에서는 오골계를 쌀과 함께 끓인 닭죽을 먹는다고 비교한 내용, 나아가 조선만 보더라도 서북 지역에서는 산모가 아이를 낳자마자 냉수를 마시는 등 지역마다 산후 풍속이 다양하다고 변증한 내용[14)]들은 그 어디서도 찾아볼 수 없는 19세기 초·중엽의 귀중한 역사 인류학 자료이다.

이규경의 변증이 아주 뛰어나거나 특별히 새로운 내용을 체계화한 것은 아니다. 그러나 그렇다고 그의 학문적 업적이 과소평가되거나 평가절하되는 것은 결코 아니다. 그는 오히려 재야 지식인으로서 가지는 한계 때문에 보다 적극적으로 각종 지식들을 수용하고 이해하려고 노력하였다. 그 결과 그의 오감五感에 수용된 각종 지식 정보들은 여과 없이 글로 기록되고 또 평가받는 변증의 과정을 거칠 수 있었다. 이규경은 이 과정에서 최한기 같은 철학자들처럼 다양한 지식을 일원적 사고로 체계화시키지는 못했지만, 도리어 그로 인해 『오주연문장전산고』는 당대 재야 지식인들의 모습을 보여주는 전범典範으로서의 가치가 높다고 할 수 있다. 바로 이 점에서 이규경의 변증들은 역사 인류학이나 생활 및 풍속의 자료로 재고되어야 할 것이다. 그리고 그의 의학론 및 신체관 역시 같은 맥락에서 고찰되어야 한다.

전통의 지속

음양의 결합과 출생

이규경은, 인간의 탄생은 남과 여 즉 양과 음이 결합한 결과라고 보았다. 그는 『주역』周易을 인용하여 "일음一陰과 일양一陽이 서로 교체하며 운행하는 것을 도道라고 한다. 남녀가 구합媾合함으로써 만물이 화생化生한다. 건도乾道는 남자를 이루고 곤도坤道는 여자를 이룬다"라고 하였다.[15] 그럼 남녀의 성별은 구체적으로 어떻게 결정되는가?

여기에 관해서는 몇 가지 주장들이 있었다. 첫째, 제齊나라 저징褚澄의 설명이다. 그는 '피[血]가 먼저 이르러 정精을 싸고 들어가면 남자를 낳고, 정이 먼저 이르러 피를 싸고 들어가면 여자를 낳는다. 음과 양이 똑같이 이르면 남자도 아니고 여자도 아닌 사람을 낳게 되며, 정과 혈이 흩어져 분리되면 쌍둥이나 세쌍둥이를 낳을 조짐'이라고 하였다.

둘째, 여성의 월경이 끝난 후 홀수째 되는 날 구합하면 남자가 되고, 짝수째 날에 구합하면 여자가 된다는 주장이다. 이것은 『도장』道藏의 설

---

12) 『五洲衍文長箋散稿』卷15, 「東國婦女首飾辨證說」.
13) 『五洲衍文長箋散稿』卷12, 「人蔞詩文辨證說」.
14) 『五洲衍文長箋散稿』卷36, 「産婦谿蔞辨證說」.
15) 이하 설명은 『五洲衍文長箋散稿』卷1, 「生人之理辨證說」을 참조하였다.

명으로, 월경 후 1·3·5일째에 구합하면 남자를 배고, 2·4·6일째에는 여자를 잉태한다는 것이다. 이는 음양과 홀짝의 수비적數秘的 관계를 설정한 도교적 발상이라고 할 수 있다. 금원사대가의 한 사람인 동원 이고 東垣 李杲는 이와는 약간 달리 월경 후 1·2일째에 구합하면 남자를 낳고, 3·4·5일째에 구합하면 여자를 낳는다고 설명하기도 했다.

셋째, 자궁의 기운에 따라 남녀의 성별이 결정된다는 주장으로, 『성제경』聖濟經과 금원사대가의 한 사람인 단계 주진형丹溪 朱震亨의 논리가 여기에 해당한다. 말하자면 기氣가 왼쪽으로 동動하면 양陽이 힘을 얻으므로 남자가 되고, 오른쪽으로 동하면 음陰이 힘을 얻기 때문에 여자가 된다는 설이었다.

이규경은 사람을 낳는 이치는 알기 쉬운 것이 아니라고 전제한 후, 주진형의 설을 바탕으로 몇 가지 설명들을 조제 보합하여 자신의 의견으로 삼았다.

나의 생각으로 헤아려보건대, 남녀가 모두 자장子臟(생식기)이 있고 그 자장 가운데는 각기 음양의 기氣가 있으되, 교구交媾할 때에 미쳐 두 사람의 정情이 서로 감동하면 자장이 반드시 열린다. 이때 남자가 먼저 감동하여 양기가 동하고 여자가 나중에 감동하여 양기가 동해서, 정精과 혈血이 각기 화化하여 여자의 피가 남자의 정액을 싼[抱] 다음 빙빙 돌아 포중胞中으로 들어가 왼쪽으로 세차게 돌며 마치 닭이 알을 굴리듯, 쇠똥구리가 쇠똥을 굴리듯이 하기를 잠시도 쉴 새 없이 하여 잉태하면 남자가 된다. 만일 여자가 먼저 감하여 음기陰氣가 동하고 남자가 나중에 감하여 음기가 동해서, 정과 혈이 각기 화하여 남자의 정액이 여자의 피를 싼 다음 빙빙 돌아 포중으로 들어가 오른쪽으로 세차게 돌며 마치 닭이 알을 안고 굴리듯, 쇠똥구리가 쇠똥을 굴리듯이 하기를 잠시도 쉴 새 없이 하여 잉태하면 여자가 된다.

이규경은 교구 순간 홍분의 선후先後에 따라 정精과 혈血의 결합 양상이 달라져 남녀의 성별이 결정된다고 보았다. 특히 홍분하는 동시에 정과 혈이 서로 감응해야 아이를 잉태할 수 있지, 단지 즐기기 위한 성적 홍분으로는 정과 혈의 결합이 이루어지지 않는다고 생각했다.

그는 또 남녀는 태어나고 죽을 때의 자세에서도 차이가 있다고 보았다. 가령 남자는 어머니의 왼쪽 옆구리에 위치해 있는데, 양기가 얼굴에 모이므로 등을 밖으로 향하고 얼굴은 안으로 향해 있다가 나올 때 엎드려 나온다고 했다. 또한 물에 빠져 죽을 경우 양기가 모여 있는 얼굴이 무거워져 반드시 엎어져서 죽는다고 주장했다.

반대로 여자의 경우 어머니의 오른쪽 옆구리에 위치하는데, 음기가 등에 모이기 때문에 등은 어머니 쪽으로 향하고 얼굴은 밖으로 향해 있다가 태어날 때 얼굴을 위로 들고 나온다고 하였다. 마찬가지로 물에 빠질 경우 음기가 모인 등이 무거워져 자연 얼굴을 위로 쳐들고 누워 죽는다고 주장했다.

이러한 내용은 18세기 이후 『증수무원록대전』增修無冤錄大全이나 『증수무원록언해』增修無冤錄諺解 등에 수록되어 과학적인 지식으로 알려진 것들이다. 따라서 이규경이 몸에 관해 변증할 때 『증수무원록대전』 등의 지식에 상당 부분 의존하였음을 짐작할 수 있다.

잉태된 태아의 성장에 대해서도 여러 의서와 『회남자』淮南子 등을 인용해 설명하고 있다. 그는 '사람이 잉태된 지 1개월에는 정혈이 응고되었다가(膏) 2개월에는 기름이 엉기듯 자라나서(脂) 3개월에는 태胎를 이루고 4개월에는 포胞를 형성한다. 5개월에는 힘줄(筋)이 생기고, 6개월에는 뼈(骨)가 생기고, 7개월에는 사람의 형체가 완전히 이루어지고, 8개월에는 아이가 놀고, 9개월에는 거세게 놀고, 10개월에는 태어난다'고 설명하였다. 당시 태아의 성장에 관해서는 도가 계통의 의학 설명서인 「인생형기론」人生形氣論이 상식으로 받아들여졌는데, 그에 따라 『동의보감』 등 대부분의 의서나 유학자들의 문집에 그 내용이 채용되었다. 이규경 역시 이러한 상식에서 크게 벗어나지 않았다.

잉태한 지 한 달이 된 것은 백로白露라 하고, 두 달이 된 것은 도화桃花라 하며, 잉태한 지 석 달에 이르러 오른쪽 콩팥이 먼저 생기면 남자가 되니 이는 음陰이 양陽을 싼〔包〕 것이요, 왼쪽 콩팥이 먼저 생기면 여자가 되니 이는 양이 음을 싼 것이다. …… 이른바 넉 달이 되면 형상이 갖추어지고, 다섯 달이 되면 골절骨節이 이루어지고, 여섯 달이 되면 모발이 생기고, 일곱 달이 되면 그 혼魂을 놀려서 능히 왼손을 움직이고, 여덟 달이 되면 그 백魄을 놀려서 능히 오른손을 움직이고, 아홉 달이 되면 세 번 전신轉身하고, 열 달이 되면 완전히 이루어져서 태어나는 것이다.

한편, 태아의 신체 기관이 만들어지는 과정에 대한 설명도 기존의 이론과 별반 다르지 않다. '사람은 하늘에서 기氣를 받는데, 하늘의 기가 먼저 코를 통해 들어오기 때문에 태중胎中에서 코가 제일 처음 생긴다. 따라서 코를 면왕面王이라 칭하며, 일신의 표준이 되기 때문에 비두鼻頭를 기준〔準〕이라고 한다'는 것이다.

코가 생긴 다음, 남자는 눈이 생기고 여자는 혀가 생긴다고 보았는데, 역시 근거는 음양오행이었다. 남자는 양이고 여자는 음이다. 양은 자子에 근본하고 자는 담膽에 응應하며 담규膽竅(쓸개의 구멍)가 눈에 통하므로 남자의 경우 코가 생긴 다음 즉시 눈이 생긴다는 것이다. 여자의 경우 음은 오午에 근본하고 오는 심心에 응하는데, 심규心竅(심장의 구멍)가 혀에 통하므로 코가 생긴 다음 즉시 혀가 생긴다고 설명하였다.[16]

사람은 왜 10개월 만에 태어나는가? 이규경은 공자孔子의 말을 인용하며 음양오행의 수비적數秘的 관계를 이용해 변증한다. "사람이 10개월 만에 출생한다는 것은 『대대례기』大戴禮記 「역본명」易本命에서 공자가 이미 언급한 바 있으며, …… 천天의 수數는 1, 지地의 수는 2, 인人의 수는 3인데, …… 하늘의 수 1은 일日을 주관하며, 일은 곧 10간이므로 사람은 10개월 만에 출생한다"[17]고 주장하였다.

인체의 삼보와 욕망

그렇다면 남녀의 정혈과 음양의 기운을 받아 태어난 인간에게 가장 중요한 것은 무엇일까? 일찍이 『동의보감』 같은 의서에서는 인체의 삼보三寶라 하여 정精·기氣·신神을 가장 중요한 요소로 꼽았다. 정精이 인체 에너지의 근원이라면 육체적 활동을 담보하는 에너지의 발화가 곧 기氣요, 정신적 기능을 가능케 하는 발화가 신神이었다.[18] 그중 특히 '정'을 잘 보전하는 일이 무엇보다 중요한 것으로 인식되었다.

조선시대 양생론의 핵심은 바로 인체의 근본인 '정'을 유지 함양하는 것이었다. 정은 육체와 정신 활동의 근원이 되므로 육체를 너무 자주 움직여 기의 운동이 많아지면 그 에너지원인 정이 소모되는 것은 당연한 일이었다. 그뿐 아니라 너무 많은 생각이나 사고 역시 정의 과도한 소모를 야기하므로 권장할 바가 아니었다. 가능한 한 '정'을 유지하기 위해서는 과도한 운동이나 생각 모두 금해야 할 것이었다. 특히 '색욕'色慾은 위험했는데 육체뿐만 아니라 정신적으로도 정에 가장 해로웠기 때문이다. 이규경 역시 이러한 생각을 그대로 유지하고 있었다.

---

16) 『五洲衍文長箋散稿』卷1, 「生人之理辨證說」.
17) 『五洲衍文長箋散稿』卷31, 「人物生死以歲月爲限辨證說」.
18) 김호, 『허준의 『동의보감』 연구』(일지사, 2000).

정·기·신 세 가지는 본디 인체의 삼보三寶로, 섭생攝生을 잘하는 자는 이 삼보를 보배처럼 아낀다. 그러나 번번이 정욕에 정복되어 이 삼보를 상실하여 성명性命을 마치게 되는데도 이내 미혹되어 돌아설 줄을 알지 못하니, 어찌 가엾지 않은가.[19]

한 번의 색욕을 참지 못해 정(액)이 누설되면 이는 인체에 매우 치명적인데, 평생 정의 양이 정해져 있으므로 이를 모두 소모하고 나면 그만 죽고 말기 때문이다.

남자 몸 안의 정精은 통틀어 1되[升] 6홉으로 1근斤의 수數이고 호흡의 기氣는 81장丈으로 99의 수이다. 그런데 남자가 한 차례의 성교를 가지면 1홉의 정이 배설되고 1장의 기가 감축되며, 계속해서 배설하면 정과 기가 다하여 신神이 떠나버린다. 그 보사補瀉(보충되고 소모되는 것)는 사람의 노소老少에 따라 달라서, 20대에는 배설한 뒤 5일 만에, 30대에는 10일 만에, 40대에는 1개월 만에, 50대에는 1년 만에 환원된다. …… 삼보三寶란 아껴야 할 물건이 아니겠는가. 그런데도 잠시의 욕정을 참지 못하다가 끝내 한평생의 보물을 그르치는 자는 대체 무슨 심사란 말인가. 그러므로 내가 이를 후생의 경계로 삼는 바이다.[20]

정·기·신을 잘 보존하는 방법은 무엇인가? 정이라는 선천의 보물을 지키기 위해서는 앞서 언급한 바와 같이 복잡한 사려를 줄이고, 음욕의 행위를 절제하는 것이 무엇보다 중요하다. 몸 안의 원정元精은 진음眞陰이 되어 몸을 윤택하게 하고 이것이 촉감하면 음탕淫蕩의 정이 된다. 원기元氣는 진양眞陽이 되어 몸을 따스하게 하는데 이것이 방출되면 호흡呼吸의 기가 되며, 원신元神은 진성眞性이 되어 몸을 주관하는데 이

것이 발로하면 사려思慮의 신이 된다. 그런 까닭에 음탕의 정을 배설하지 않으면 원기가 저절로 충만해지고, 사려의 신을 감소시키면 원신이 저절로 안정된다. 그러므로 정과 기를 잘 보존하여 인체의 보약으로 삼고, 심신을 안정하여 참선의 기초로 삼는다면 인체가 매우 윤택해진다는 것이다.[21] 요컨대 신神은 기氣에 의탁하고 기는 정精에 의탁하므로 결국 '정'이 건강과 장수의 근본임을 알 수 있다.

그렇다면 문제는 욕망을 억제하는 일이다. 이미 이규경은 "인간의 칠정 가운데 오직 욕慾만이 가장 제어하기 어려운데 이 가운데서도 색욕은 가장 어렵다. 고금 이래로 작게는 절개와 명성을 실추하고 크게는 나라와 몸을 망치니 깊이 경계할 바이다. 호색의 마음을 인간마다 가지고 있으므로 예의로 이를 방어하고 끊어내지 않으면 막을 수 없다"[22]고 말한 바 있었다.

인간의 음란함은 이미 역사가 증명하는 일이 아니던가? 이규경은 "주周나라처럼 융성한 시대에도 이성異性을 탐하는 처녀와 강포强暴한 총각들이 있었으며, 정鄭·위魏시대에 이르러서는 음란함이 극에 달하였으며, …… 조선에도 부인을 연산군에게 팔아 높은 품계에 오른 윤순의 왕팔王八 속담이 전해지니 이 모두가 남녀의 음란함이 과거로부터 증명되는 바"[23]라고 주장하였다. 더욱이 남자의 경우 애초에 여자보다 쉽게 흥분하고 정욕을 불태우다가 몸을 망칠 가능성을 배태한 존재였다.

19) 『五洲衍文長箋散稿』 卷7, 「精氣神辨證說」.
20) 上同.
21) 上同.
22) 『五洲衍文長箋散稿』 卷42, 「窒慾辨證說」.
23) 『五洲衍文長箋散稿』 卷25, 「寄殿烏龜辨證說」.

도가의 말에 의하면, …… 사람이 아름다운 여색과 음란한 것을 보면 양사陽事가 일어나서 사체四體가 모두 불에 활활 타는 느낌을 가질 뿐 아니라, 불이 닿으면 쇠가 녹듯이 정〔關元〕이 벌써 새어 나온다고 하였으니, 이른바 남녀의 정욕에 남자가 여자보다 빨라서 양이 음에 의해 소모된다는 설이다.24)

따라서 음욕을 억제하는 수신이 필요했다. 거듭 말하지만 이것이야말로 이규경의 의학론과 양생론의 주요 내용이며, 조선시대를 통틀어 크게 변하지 않은 인체에 대한 상식이었다. 다만 흥미로운 점은 진기眞氣의 소모에 온통 신경을 곤두세우던 이규경 역시 수신과 질욕窒慾이 말처럼 쉽지 않으며 결국 본능에 따라 정을 소모할 가능성이 높다는 점을 어느 정도 인정하였다는 사실이다. 그는 무릇 색욕은 곧 인간의 본능으로, 이를 법적으로 금하거나 억압한다고 해서 문제가 해결되는 것은 아니라는 입장을 취했다. 이러한 생각은 과부의 재가를 주장하는 그의 논설에서 분명하게 드러난다.

이규경은 여자가 음일淫泆을 범하는 동기를 여덟 가지로 분류하였다. 과년한 처녀일 경우, 청춘에 과부가 되었을 경우, 남편은 어리고 여자는 한창때일 경우, 여자는 한창때인데 남편이 늙은 경우, 기첩妓妾으로서 오랫동안 남편과 동침하지 못했을 경우, 남녀가 서로 가까이 지내는 경우, 친척끼리 서로 섞여 노닐 경우, 음란한 여자가 집안에 출입하는 경우 등이 그것이다. 따라서 과부의 재가를 금하는 것은 천지의 생성하는 자연스러운 이치가 아니라고 주장하였다.

조선의 경우 1485년(성종 16), 개가한 여자의 자손을 금고禁錮시켜 동반이나 서반에 참여하지 못하게 하고 이것을 법으로 정하였다. 이에 따라 양반은 물론이고 민간에서도 여자들이 재가를 하지 않아 이 법은 곧 철칙鐵則이 되어버렸다. 이규경은 그 결과 "동토東土 수천 리에 억울

한 기氣가 족히 천지의 화기和氣를 저해할 것이요, 또 억지로 열녀烈女·
정부貞婦를 만들어 아무 이유 없이 생리生理를 유폐시킨다면 골수에 사
무친 원한이 끝내 씻기 어려운 수치를 만들고 마니, 세상의 침실의 문란
함과 금수와 같은 난륜亂倫의 변고가 오로지 앞에서 말한 여덟 가지 동
기에서 나오는 법"25)이라고 탄식하였다. 19세기 후반에 과부의 재가 문
제가 본격적으로 제기되는 것을 보면, 재혼이 일종의 사회문제로까지
커지고 있었으며 이를 단순히 개인의 수신과 도덕의 문제로만 치부하기
어려운 상황이었음을 알 수 있다.

이처럼 욕망의 억제가 쉬운 일이 아니므로 진기를 소모하는 것은 어
찌 보면 자연스러운 인간의 생리라고 할 수 있다. 그런 까닭에 수신 등
을 통해 진기의 누설을 막는 방법은 인간으로서 어찌할 수 없는 한계에
직면한다. 따라서 의약이나 혹은 다른 방법으로 보충하는 방안을 모색
하지 않을 수 없었다.

이규경은 진기를 보충하는 방법으로 단약丹藥이나 수신보다는 '접
보'接補라는 방법을 더욱 신뢰하였다. 아직 성경험이 없는 동녀童女를 이
용하여 인체의 기운을 직접 받는 방법인데, 돈이 없는 궁사窮士들은 상
상도 할 수 없는 일이었다. 그럼에도 각기脚氣와 마비 증세 등 고질을 앓
던 이규경은 이를 매우 신뢰하였고 한번 해보고 싶다는 욕구를 가지고
있었다.

미목眉目이 청수淸秀하고 안색이 붉고도 희며 병이 없는 16~17세 된 여자
로서 아직 파음破陰(남자와 性交함)되지 않은 자를 가려서, 관을 이용하여 기

24) 『五洲衍文長箋散稿』 卷51, 「男女小運情欲辨證說」.
25) 『五洲衍文長箋散稿』 卷25, 「寄假烏龜辨證說」.

를 입에 불어넣는다. 그리하면 즉시 위로는 이환泥丸(腦)에 흡수되고 아래로는 단전에 흡수되는데, 이렇게 6개월 동안 하면 쭈글쭈글했던 얼굴이 아이들처럼 고와지고 백발이 다시 검어지며, 오래 이렇게 하면 곧 선천의 신묘한 효험을 보게 된다. …… 양생에는 기氣를 귀히 여겨서 남의 기로써 나의 기를 보하는 것이니, 이것이 곧 『주역』에 이른바 '동기상구' 同氣相求의 뜻이다. 성인이 어찌 나를 속였겠는가. 내가 인기人氣의 접보를 독실히 믿는 것은 이유가 있다. 이외에 또 실증도 있으니 …… 인기의 접보가 과연 거짓이라 할 수 있겠는가. 내가 질병이 있기 때문에 공연히 부럽게 여겨 변증한 것이다.26)

노년과 양생

18세기 이래 조선의 의서들은 '노인' 문제를 새롭게 인식하고 있었다. 특히 정조 말년에 간행된 『제중신편』濟衆新編에는 '노인' 조항이 따로 독립되었으며, 노인들의 영양과 관련한 '죽'의 개발과 보급이 중요하게 취급되고 있었다.27) 이러한 현상은 조선 후기 노인 인구의 증가와 관련이 있어 보이는데, 노인의 증가는 '죽음'에 대한 인식도 바꾸어놓았을 것으로 생각된다. 사람의 수명이 일정하다는 기존 의서들의 주장을 반박하고, 인간이 살고 죽는 것은 정해진 바가 있는 것이 아니라 하기 나름이라고 밝힌 이규경의 변증28)은 이러한 경향을 반증하는 것이라 할 수 있다.

이규경은 노인, 노화 문제에 큰 관심을 보였는데, 그에게 있어 무작정 오래 사는 것은 능사가 아니었다. 그에게 노년의 행복은 본인의 건강, 자식들의 출세와 부유함 등과 연관되어 있었다. 아마 그 자신이 충주 등지에 은거하다시피 하였고, 이후 자식들의 관직 진출이 미미한 데서 생긴 개인적 원망이 크게 작용한 듯하다. 그는 특히 가난하거나 건강

하지 못하면서 오래 사는 것은 송장으로 사는 것과 다름없는 치욕이라
고 비판하였다. 오래 사는 것 자체가 욕이 될 수 있다는 그의 변증은 이
런 측면에서 매우 흥미롭다.

나는 수壽와 부富, 아들을 많이 두는 것 이 세 가지 중에 수에서 수반되는
욕이 가장 앞선다고 생각한다. 만약 늙어서 죽지 않은 데다가, 부에서 수반
되는 일 많은 것과 아들 많은 데서 수반되는 많은 염려까지 겸하였다면, 이
는 아예 장수하지도 않고 자식도 없어서 천지 사이에 일대 편리를 끼치는
것만 못하다. …… 장수해서 무슨 이익이 있겠는가. …… 만약 누워서 산송
장〔活屍〕, 앉아서 산 귀신〔生鬼〕 노릇을 하면서, 보아도 보이지 않고 들어도
들리지 않으며, 맡아도 냄새를 모르고 먹어도 맛을 모르며, 몸은 움직이지
못하고 마음에는 감식이 없는 채, 겨우 끊이지 않은 숨결이 있는 듯 없는 듯
이 하여 구차하게 살아간다면 아무리 1백 세를 산들 무슨 낙樂이 있겠는가.
이보다 더 큰 욕이 없을 것이다. 그러므로 '장수하면 욕이 많다'고 하였으
니, 성인이 어찌 나를 속이는 말씀을 하였겠는가. 나는 자식이 많지 않아도
염려가 많고 나이가 높지 않아도 욕이 많아서 아예 생生이 없었으면 하는
한숨이 저절로 나오므로 이같이 논설하는 바이다.[29]

이규경이 가장 부러워하고 모범으로 삼았던 노년은, 나이 80이 넘었
으나 등불 밑에서 손수 작은 글씨를 쓸 수 있어 2~3천 권의 책을 만들
었던 심인사沈麟士나, 80여 세에 그림 솜씨가 미묘한 경지에 도달하여

---

26) 『五洲衍文長箋散稿』 卷51, 「人氣接補辨證說」.
27) 康命古, 『濟衆新編』, 「老人」.
28) 『五洲衍文長箋散稿』 卷33, 「人壽無限辨證說」.
29) 『五洲衍文長箋散稿』 卷31, 「壽辱辨證說」.

쌀알 하나에 절구를 정서正書하고 오이씨 하나에 18나한을 그릴 수 있었던 축옥성祝玉成 같은 인물의 삶이었다. "아무리 1백 세를 산다 하더라도 눈과 귀가 어둡고 치아가 빠지고 지체肢體가 자유롭지 못하거나, 정신이 혼미하여 아침·저녁도 분간하지 못하고 자식·손자도 식별하지 못한다면 이는 바로 살아 있는 송장인데, 어찌 살아 있다고 하겠는가. 나이 1백 세가 되어서도 소년처럼 강장强壯하다면 무슨 유감이 있겠는가"[30] 하는 것이 그의 생각이었다.

특히 자식들이 많으면 유복하다는 세상의 인식에 대해 그는, 아들들이 몹시 불초하여 조상에게 욕이 된다면 조상의 업적을 잘 계승하는 아들 두서너 명을 둔 것만 못하다고 주장하였다. 심지어 자식들이 너무 많으면 아침 인사할 때 얼굴을 알아보기 어려울 뿐 아니라, 교육은 어떻게 시키고 결혼은 어떻게 적기에 치르겠으며, 또 가산은 어떻게 골고루 분배할 수 있겠는가 하고 반문한다.[31] 밥 먹을 때는 너무 번거롭고 자식들이 병들까 걱정하는 일을 날마다 되풀이할 것이니, 어려운 일이 한두 가지가 아니라는 말이다.

이규경은 자식들 모두가 문무에 능하고 용호龍虎 같아, 안으로는 가사를 맡아 처리할 능력이 있고 밖으로는 세상에 수용될 만한 재주가 있다면 아들이 많을수록 좋겠지만, 그렇지 않다면 많은 것이 도리어 불행이라고 주장하였다.[32] 요컨대 이규경에게 있어 행복한 노년이란 출세한 몇몇 자식들로부터 부모 대접을 받으며 건강하게 사는 것이었다. 그리고 이를 위해 양생해야 함은 당연한 일이었다.

이규경은 덕성을 기르는 유학과 몸을 기르는 의학이 두 가지 다른 길이 아님을 강조하면서 의도醫道 역시 유가가 알아야 할 것이라고 주장하였다. 특히 삼대 동안 의학에 종사한 집안이 아니면 그 약을 먹지 않는다고 하여 의학이 매우 어렵고 신중한 학문임을 강조하였다. 그는 여러 가지 조선의 의서들을 모두 번잡하다고 비판하고 오직 영남의『임씨의초』林氏醫鈔만이 산중에 거처하는 자신의 위생을 도와줄 의서라고 칭송하였다.33) 현재 이 책은 전하지 않는다.

18세기 이후 많은 사설 의사들이 활동하였지만 여전히 서울 같은 도시에 집중되어 있었으므로,34) 지방의 경우 양반들 스스로 의서를 습독하여 각종 질병에 대처하는 것이 일반적이었다. 각종 의서들을 믿지 못할 뿐 아니라 당시 대부분의 의사들은 환자들이 죽을까 염려하여 활인活人하지도 사인死人하지도 않은 채 수수방관한다고 비판하였던35) 이규경 역시 의학 공부를 소홀히 해서는 안 된다고 주장하였다. 조선시대 많은 학자들의 논설처럼, 자식된 도리로서 부모에게 제대로 효도하려면 특히 의사가 없는 시골에서는 반드시 의술을 공부해야 한다고 주장했던 것이다.36)

이규경의 섭생과 양생론은 그의 나이 60에 기록한「생활훈」生活訓37)에 매우 자세한데, 그를 포함한 당대의 지식인들이 원하던 처사의 삶이 잘 나타나 있다. 그는 먼저 마음을 수양하고 몸을 단련하면서 세상의 명예를 구하지 않는 삶을 강조하였다. 특히 자연의 흐름에 맞추어 몸을 수양하는 양생론은 조선시대 어느 학자의 그것보다 구체적이고 실천적이

30) 『五洲衍文長箋散稿』卷33,「人壽無限辨證說」.

31) 『五洲衍文長箋散稿』卷60,「多男辨證說」.

32) 上同.

33) 『五洲衍文長箋散稿』卷60,「濟生三妙辨證說」.

34) 김호,「18세기 후반 서울 거주 사족의 위생과 의료」,『서울학연구』제11집(서울시립대 서울학연구소, 1998).

35) 『五洲衍文長箋散稿』卷35,「醫藥辨證說」.

36) 『五洲衍文長箋散稿』卷26,「爲人子當學醫辨證說」.

37) 『五洲衍文長箋散稿』卷36,「四時十二時淸趣辨證說」.

다. 그는 1년 사계절에 맞추어 살아가는 수양의 방법을 기술한 후 하루의 일과를 소개하였다.

봄철: 새벽에 일어나 말린 매화를 끓여 차를 만들고, 하인에게 일과를 부여하여 주위를 청소하고 계단의 이끼를 살피게 한다. 사시巳時에 장미로薔薇露로 손을 씻고 옥유향玉蕤香을 피운 다음, 적문赤文·녹자錄字38)의 글을 읽는다. 정오에 죽순과 고사리를 따고 호마胡麻를 볶으며, 샘물을 길어다가 새로 난 차를 달인다. 오후에는 관단마款段馬(걸음이 느린 조랑말)에 올라 전수편剪水鞭을 들고 나가서 친구와 함께 거나하게 취한 뒤 꾀꼬리 소리를 듣는다. 바람에 흔들리는 버드나무 앞에 앉아 오색전五色箋을 펼쳐놓고 문원文苑의 좋은 시구들을 쓴다. 땅거미가 지면 지름길로 돌아와서 낙화를 주워 물고기에게 먹인다.

여름철: 새벽에 일어나 기하芰荷(마름과 연) 잎을 오려 옷을 만들고, 꽃나무 옆에 앉아 이슬을 받아 마셔 폐장肺臟을 윤활시킨다. 사시巳時에 도화圖畫와 법첩法帖을 감상하다가 못가에 나가 구경한다. 정오에 두건을 벗어 석벽에 걸고 평상 위에 앉아서 『제해기』齊諧記와 『산해경』山海經의 기사를 이야기하다가 피로해지면 좌궁침左宮枕을 베고 화서씨華胥氏의 나라에 노닌다. 오후에는 야자배椰子盃(야자의 열매를 쪼개어 은이나 백철을 붙여 만든 잔)에 오이와 오얏을 띄워놓고 연꽃을 찧어 빚은 벽방주碧芳酒를 마신다. 해가 저물기 시작하면 주사온천硃砂溫泉(주사가 포함된 온천)에서 목욕한 뒤 조각배를 타고 나가 묵은 덩굴풀이 깔린 물가에 앉아 낚싯대를 드리운다. 땅거미가 지면 탁관籜冠(죽순 껍질로 만든 관)·포선蒲扇(부들로 만든 부채) 차림으로 높은 산등성이에 올라 화운火雲(여름철에 천둥이 치면서 비가 내리려고 할 때의 구름)의 변화를 참관한다.

가을철: 새벽에 일어나 휘장을 내린 뒤에 장서藏書의 표지를 점검하

고 주사硃砂를 이슬에 개어 문자를 점감點勘한다. 사시巳時에 거문고를 뜯고 학을 길들이며, 금석金石이나 도기로 만든 그릇을 관상한다. 정오에는 연방蓮房(연밥이 들어 있는 송이) 위의 이슬로 벼루를 씻고, 다구茶具를 정리하며 오죽梧竹을 씻는다. 오후에 백접리白接䍦(두건의 일종)와 은사삼隱士衫 차림으로 단풍잎 지는 것을 관망하다가 시구를 얻어 잎 위에 쓴다. 신시申時에 게(蟹)의 집게발과 농어회로 안주를 삼고 해천라海川螺(소라껍질)에 새로 빚은 술을 부어 취한 뒤에 퉁소 두어 곡조를 분다. 땅거미가 지면 사립문에 기대어 초부樵夫·목동牧童의 노래를 들으며, 반월향半月香을 피워놓고 국화를 가꾼다.

겨울철: 새벽에 일어나 순료醇醪(좋은 막걸리)를 마시고 양지쪽에 앉아 머리를 빗는다. 사시巳時에 전방석을 깔고 숯(烏薪)을 구입한 뒤, 명사들을 모아 흑금사黑金社(추위를 막기 위해 만든 임시 거처)를 만든다. 정오에 붓을 들고 묵은 원고를 정리하다가 해그림자가 층계에서 옮겨가는 것을 보아 발을 씻는다. 오후에는 도통롱都統籠을 메고 묵은 소나무와 깎아지른 듯한 낭떠러지 사이에 가서 물을 길어다가 건명建茗(建安에서 생산되는 차)을 달인다. 신시申時에 베옷과 가죽 모자 차림으로 시풍등嘶風鐙에 올라 발 저는 나귀(寒驢)를 채찍질하여 설매雪梅의 소식을 탐방한다. 땅거미가 지면 화롯가에 다가앉아 토란을 구워 먹으면서 무념무생無念無生의 미묘한 게송偈頌을 설설說하고 검술劍術을 담론한다.

다음은 하루 24시간의 수양법이다.

---

38) 赤文은 黃帝가 洛水에서 발견한 글이고, 錄字는 禹임금이 받은 附箋이다. 여기서는 『주역』을 가리킨다.

오전 7시~9시: 진시辰時에 일찍 일어나 옷깃을 여미고 앉아 마음을 명랑하게 한 뒤 호흡을 조절하고 천기天氣를 흡수하며, 백탕白湯(아무것도 섞지 않고 끓인 물) 한 사발을 마시되 차는 마시지 않는다. 머리를 백여 번 빗어서 기氣가 소통하고 화火가 맑아지며 눈이 밝아지고 뇌 속의 열기가 제거되게 한다. 양치질을 마치고 아침 식사를 하되 멀건 죽이어야 하고 양이 적어야 하며, 식사가 끝난 뒤에는 천천히 1백 보쯤 걸으면서 손으로 배를 문질러 쉬 소화되도록 한다. 천기天氣란 해자시亥子時부터 묘진시卯辰時까지의 진기眞氣를 말하는데, 조용한 데서 맑아지고 시끄러운 데서 탁해진다. 패천기敗天氣란 사오시巳午時부터 유술시酉戌時까지의 미약해진 기를 말한다.

오전 9시~11시: 사시巳時에 글을 읽되 『능엄경』楞嚴經, 『남화경』南華經, 『역경』易經의 한 괘를 택하여 순서대로 읽는다. 범람하거나 망상하거나 잡담하지 말아야 하고, 그 대의만을 터득하고는 그만두어야지 의혹을 쌓아두어서는 안 된다. 피로해지면 눈을 지긋이 감고 침을 모아 수십 차례 삼키며, 빈객을 대해서도 말을 적게 하여 기를 길러야 한다.

오전 11시~오후 1시: 오시午時에는 선향線香 한 자루를 피우고 일정한 곳을 맴돌아 기氣와 신神을 안정시키고 나서 비로소 소탕素湯(고기를 넣지 않고 끓인 국)을 든다. 배가 고픈 뒤에 식사하되 배부르지 않아서 그만두며, 차는 입 안을 먼저 씻어낸 뒤에 마신다. 식사 후에는 약간 걸으며, 앉았을 적에는 등을 구부리지 말고 가슴이 답답해질 적에는 기를 두세 차례 조용히 내뱉는다. 대저 음식을 먹을 때에는 배부름을 버리고 허虛를 취해야 하므로 식사하는 시각을 규정하는 것이 원칙이다.

오후 1시~3시: 미시未時에는 일[事]이 닥치면 모름지기 응하고 물物이 오면 해결하도록 힘써야 하며, 낮에는 누워 있지 말아야 한다. 사事와 물物을 무無로 간주하면 아무리 번다한 사물이 와도 해로울 것이 없고 모든 것을 섭렵하면 모두 묘미가 생기게 마련인데, 글만 읽는 사람은 날마다 상용常用하면서도 이 이치를 알지 못한다.

오후 3시~5시: 신시申時에 고인古人의 득의문得意文 한두 편을 낭독하고, 술 몇 잔을 마시되 너무 많이 마셔서 의지를 흐리게 해서는 안 된다. 혹은 명인名人의 시 몇 수를 읊조리고 붓을 들어 옛날의 법첩을 모방하다가 피로해질 적에는 즉시 그만두고 술을 마셔 진기를 왕성하게 해야 한다. 장욱張旭이 초서를 쓸 때 술을 마신 때문에 그 글씨가 성인의 경지에 들었던 것도 바로 이 시각이다.

오후 5시~7시: 유시酉時에 선향 한 자루를 피우고 동動과 정靜을 마음에 맞도록 한다. 저녁 식사는 일찍 하고 아이들에게 공부를 시키되 하루의 일과가 끝나면 즉시 그만두게 한다. 술은 적게 마셔 취하지 말아야 하며, 더운물로 발을 씻어 화火를 강하시켜 머리의 습기를 제거하고 밤에는 양치질을 하여 하루 동안에 낀 음식의 독을 씻어낸다.

오후 7시~9시: 술시戌時에는 밤이 깊도록 조용히 앉아 있되, 생각을 많이 하지 말고 책을 너무 많이 열람하지 말아야 한다. 생각이 많으면 마음이 상하고 책을 많이 보면 눈이 상한다. 이경二更이 지나도록 앉아 있지 말고 편하게 숙면하여 원기元氣를 배양해야 하며, 누울 적에는 반드시 몸을 옆으로 하여 한 발을 구부린 뒤에 먼저 마음이 잠들고 그 뒤에 눈이 잠들어야 한다. 마음이 잠드는 것은 지법止法이고 눈이 잠드는 것은 관법觀法이다.

오후 9시~11시: 해시亥時 말末은 마치 사람의 영아 시절과 같다. 해자시亥子時에는 일신의 원기가 알지 못하는 사이에 발생한다. 그러므로 그 시각에 일어나 이불을 두르고 앉아 자만하지 않고 마음을 항상 안정되게 하여 무위無爲로써 진행하며, 선향 한 자루를 피우고 명문命門을 단단히 보호하면 정신이 날로 유여해지고 원기가 길이 충만해질 것이니, 이 시각에 일어나 이를 수행하면 아무리 늙었어도 원기를 보존할 수 있다.

오전 1시~5시[39]: 축시丑時와 인시寅時 사이는 정기가 발생하는 시각이다. 잠을 실컷 자지 말고 마음을 안정되게 하여 정精이 제자리에 머물러 있도록 한다. 혹 몸을 활처럼 옆으로 기울이면 기도 따라서 두루 유통될 것이니, 마치 초목의 움이 날로 자라듯 계속 수행하여 생기生氣를 맞이해야 한다.

오전 5시~7시: 묘시卯時 첫새벽에 일어나 옷을 걸치고 평상 위에 앉아 이를 3백 번 딱딱거린 뒤 양쪽 어깨를 전동轉動하여 근골을 조절, 음양을 조화시킨다. 옷을 입고 자리에 앉아서는 십사十使(佛家에서 말하는 열 가지 번뇌)에 침투되지 않도록 하여 의리義理에 관한 글을 읽고 법첩에 대한 글자를 익히며 맑은 마음으로 조용히 앉았는가 하면, 익우益友와 청담을 나누고 적게 마셔 반절쯤 취한다. 꽃에 물을 주고 대나무를 심으며 거문고 소리를 듣고 학을 관상하며, 향을 피우고 차나 달이며 성에 올라 산을 관망하고 뜻을 바둑에 붙이기도 한다.

이규경은 이처럼 구체적인 실천법을 소개하였지만, 향리에서의 진정한 양생법은 이 같은 개인적 실천 행위보다는 인仁으로 사람들을 대하고 의義로써 하인들을 거느리는 선비의 조행操行에 있음을 잊지 않고 지적하였다.[40]

당대의 변증과 새로운 사고

설명 대상으로서의 인체

이규경은 인체를 자연과의 유비類比 속에서 설명하곤 했다. 그중에서도 사람의 몸을 땅에 비유하는 경우가 많았는데, 곤륜산의 주맥과 각종 지산枝山들을 신체의 맥과 여러 부위에 비유하기도 했다. 특히 한반도를 허리가 굽은 늙은 노인[傴僂]이 옆으로 서 있는 모습에 비유한 것은 매우 독특하다. 한반도를 인체에 비유하여 백두산을 머리로, 대마도와 제주도를 두 발을 딛고 있는 모습으로 표현하는 것은 조선의 다른 지도 책에서도 일반적으로 나타나는 설명법이다. 하지만 한반도 전체를 허리가 굽은 노인으로 묘사한 것은 그가 유일한 것으로 보인다. 그는 또 모발과 진액을 초목과 강하江河에 비유하기도 하였다.41)

한편 이규경은 인체의 각종 장기를 군신, 부자, 붕우 등의 관계로 설정하기도 했다. 가령 머리는 군주에, 팔다리·배·가슴 등은 신하에 비유하였으며, 뼈와 살은 부자 관계에, 혈血과 맥脈은 조손祖孫에, 수족手足은 형제에 비유하였다. 또 폐는 시아비[舅]에, 혹[贅]은 사위에, 가슴과 배는 붕우에 비유하였다.42) 그러나 인체에 대한 이규경의 관심은 유비적 관계를 설정하거나 상징적 설명을 덧붙이는 데 머물지 않았다. 그는 인체를 단순히 설명하는 데서 한 걸음 나아가 매우 자세히 변석辨釋하였다. 이규경의 미덕은 바로 이 점에 있다.

---

39) 오후 11시~오전 1시에 해당하는 내용은 원문에 나타나 있지 않다.

40) 『五洲衍文長箋散稿』 卷9, 「操行鄕里辨證說」.

41) 『五洲衍文長箋散稿』 卷1, 「地形象人人體象地辨證說」. 신체에 대한 유비적 설명은 다른 학자들의 글에서도 쉽게 발견할 수 있다. 가령 이익은 『성호사설』에서 "자미는 중심이니 신장이며 태미는 행정부이니 심장이다. 북두는 그 중간 역할을 하는 것이니 목구멍과 혀와 같은 존재"라고 설명한 바 있다.

42) 『五洲衍文長箋散稿』 卷25, 「一骨兩班辨證說」.

이규경에게 있어 '설명 대상으로서의 인체'는 중요한 학문 대상이었다. 그리고 인체의 각 부위를 일컫는 명칭에 대한 변증은 그 학문 연구의 시작이었다. 이규경은 명나라 영일옥甯一玉의 『석골분경』析骨分經을 이용하여 인신人身의 각체各體를 설명한 후 자신의 보충 설명을 덧붙였는데, 머리·촉루髑髏(頭骨)·뇌를 비롯한 전신의 명칭과, 하품·딸꾹질 등 다양한 생리 현상을 변증하였다.[43] 그 내용을 간략히 정리하면 다음과 같다.

머리: 머리(頭) 속의 골수로서 신문囟門(頭頂의 前方에 있는 곳으로 小兒 때 움직이는 곳) 안에 쌓여 있다. 뇌개골腦蓋骨은 곧 천령개天靈蓋이다. 경頸은 두경頭莖이고, 항項은 두경의 후부後部이다. 솔곡蟀谷은 귀 위의 오목한 곳으로, 어금니를 움직이면 함께 움직이는 곳이다. 안顏이란 미간眉間을 말하고, 액額은 발제髮際의 앞을 가리킨다. 섭유顳顬(관자놀이)는 귀 앞의 움직이는 곳이다. 협頰은 면목面目의 밑, 귀 앞의 굽은 곳이다.

뼈: 여膂는 척골脊骨의 대주大柱로서, 미저골尾骶骨(꽁무니뼈)에 이르기까지의 21마디이다. 좌우 옆구리의 사이는 액腋이라 한다. 협脅은 몸 좌우의 겨드랑이 아랫부분이다. 요腰는 몸의 한중간이다. 겸膁은 허리 좌우의 살이 오목한 곳이다. 고尻는 척추가 끝나는 곳이다. 미저골은 그 끝의 이름이 구미龜尾이다. 기機는 허리를 끼고 있는 곤골髖骨의 양방兩旁이다. 관髖은 다리뼈(股骨)를 일컫는다. 과胯(사타구니)는 양쪽 고股(허벅지)의 사이를 말한다. 슬膝은 경두脛頭이다. 내보골內輔骨은 무릎 옆의 툭 튀어나온 뼈이다. 외보골外輔骨·빈髕·빈臏은 모두 슬개골이다. 가腡·가腘·곡腘은 무릎 뒤 굽은 곳 즉 발꿈치이다. 슬膝은 앞에 있고 곡腘은 뒤에 있다. 경脛·경䯒은 곧 경莖과 같은 것인데, 발에 가까운 경골莖骨로서 고股보다 가늘다.

근筋과 육肉: 기肌는 부육膚肉을 뜻한다. 부膚란 곧 몸의 살[肌]이다. 혁革은 밖의 얇은 가죽을 말한다. 주리腠理는 살결이다. 막膜은 살 속의 얇은 가죽이다. 피皮는 몸 전체를 덮고 있는 것이다. 혁革은 살 속의 두꺼운 살과 가죽이다. 추皺는 피부의 주름살이다. 근筋은 힘줄이고, 골骨은 살의 핵核이다.

기타: 작맹雀盲이란 저물녘에 눈으로 물건을 보지 못하는 것이다. 체涕(눈물)는 눈에서 나오는 것이다. 이洟(콧물)는 코에서 나오는 것이다. 곡哭은 큰 소리로 우는 것이고, 읍泣은 아주 작은 소리로 울면서 눈물을 흘리는 것이며, 훤喧은 서러운 소리로 끝없이 우는 것이다. 함欱은 음이 흠欠인데, 웃음을 머금은 것이다. 신哂은 미소를 가리키며, 완이莞爾는 빙그레 웃는 것을 말한다. 신弞은 음이 신辰인데, 손가락질하며 웃는 것이다. 호로胡盧는 입을 가리고 웃는 것이다. 홍당哄堂은 한자리에 모인 여러 사람이 한꺼번에 웃는 것이다. 획喊·곽嘓은 크게 웃는 모습이며, 갹噱은 끝없이 크게 웃는 모습을 가리킨다. 신伸은 인체의 기氣가 결핍되어 피곤해서 나오는 기지개이다. 희噫는 배불리 먹고 기가 충만하여 나는 소리이다. 일噎은 먹은 것이 목구멍에 막혀서 기가 통하지 않는 것이며, 익嗌은 슬퍼서 목이 메는 것이다. 현哯은 소아가 젖을 토하는 것이다.

이처럼 머리부터 시작하여 다리 아래로 설명하는 방식은 『동의보감』 같은 의서들의 방식과는 전연 다른 것이었다. 『동의보감』이 인체의 중요한 정精·기氣·신神을 다룬 내경內景에서부터 밖[外形]으로 설명해 나가는 방식인 데 비해 이규경은 인체를 위에서부터 아래로 설명하고

43) 『五洲衍文長箋散稿』卷7, 「肢體釋名辨證說」.

있다. 또 주로 변증한 부분 역시 정·기·신이 아니라 뼈와 근筋, 살[肉]의 명칭과 해당 부위였다. 이는 새로운 인체관의 패러다임에 경도되어 가는 그의 태도가 잘 드러나는 대목이다.

이규경은 정상 신체에 대한 분석뿐 아니라 이상異狀에 대한 변증도 함께 진행하였다. 양성으로 태어난 사방지에 관한 이야기라든가,[44) 동성연애에 대한 소개,[45) 이른바 고자로 알려진 '엄인'閹人에 대한 변증 등이 흥미롭다. 이규경은, 생식기가 불완전한 남자는 '고자'鋼者라 하고 여자는 '고녀'鋼女라고 한다고 말하였다. 의서에서는 고녀를 '실녀'實女라 부르는데, 산문産門이 없어 출산을 할 수 없으므로 실녀를 수술하는 방법이 『본초강목』本草綱目 같은 의서에 자세하게 실려 있다고 소개하였다. 또한 환자에게 만타주曼他酒라는 술을 마시게 한 뒤 칼로 산문을 수술하였는데, 이 만타주가 바로 마약이라고 하였다.[46) 이 부분은 조선 최초의 마취에 대한 변증이 아닐까 생각된다.

당대의 의료 풍속

이규경은 의학이 반드시 공부해야 하는 분야인데도 사대부들이 의서를 읽으면서 이를 비루하게 여기고, 의학을 공부하여 태의太醫에 올라도 대각臺閣의 노비들이 비웃는다며 의원들에 대한 사회적 인식이 낮음을 통박하였다.[47)

그는 또 조선 후기 의학의 가장 큰 변화 중 하나인 '예방법'의 도입에 큰 관심을 기울였다. 그 대표적인 것이 바로 두창痘瘡이나 마진痲疹 같은 전염병을 예방하는 종두법種痘法이었다. 이규경은 박제가朴齊家가 18세기 말 종묘를 도입한 이후 이종인李鍾仁이 『시종통편』時種通編을 저술하여 종두법 보급에 나선 역사적 사실을 정리한 후, 몇 가지 종두 관련 서적을 소개하였다.

먼저 1809년(순조 9)에 남석로南石老가 연경에서 구해온 『종성두방』種聖痘方을 소개하고, 이 책에는 소아의 딱지에 사향을 1리厘 섞은 뒤 이를 면봉에 묻혀 소아의 코로 흡입하도록 하는 방법이 수록되어 있다고 설명하였다. 다음으로 1826년(순조 26)에 장염張琰의 『종두신서』種痘新書라는 책이 중국 연경에서 수입되었다는 사실과, 조선 사람의 책으로는 헌종 을미 연간에 간행된 『을미신방』乙未新方[48]을 정약용이 가장家藏하고 있다는 사실 등을 밝혔다.

한편 우두법에 대해서도 소개하고 있는데, 1854년(철종 5)에 평안도에서 소아의 팔에 종두를 실시할 때 우유를 발랐다고 설명하였다. 우두에 관한 최초의 설명이 아닌가 싶다. 이규경은 그 자신 역시 우유가牛乳痂를 사용하지 않고 우유를 사용하여 안정성을 높였다는 소식을 들었지만 결국 그 처방을 보지는 못하였다고 말했다.[49] 다산 등에 의해 후일 『마과회통』麻科會通에 수록되는 우두에 관한 '신증상실기법'이 이미 서북 지방에 전파되어 활용되었던 것으로 보인다.

이 밖에 천연두를 예방하는 방법으로 다음과 같은 사례들을 더 소개하였다. 1834년에 박생朴生이라는 의원이 사신을 따라 연경에 갔다가 중국의 『천화경험방』天花經驗方을 구해 왔는데, 그 처방에 따르면 천마자天麻子를 주사硃砂 등과 섞어 간 후 사향과 함께 고약을 만들어 아이의 머리 등 신체 13군데를 문질러주면 두창을 예방할 수 있다고 하였다.

---

44) 『五洲衍文長箋散稿』卷8, 「陰陽二體辨證說」.
45) 『五洲衍文長箋散稿』卷3, 「男寵辨證說」.
46) 『五洲衍文長箋散稿』卷44, 「實女辨證說」.
47) 『五洲衍文長箋散稿』卷26, 「爲人子當學醫辨證說」.
48) 『乙未新方』은 몽수 이헌길의 『麻疹奇方』을 가리키는데, 후일 정약용에 의해 『麻科會通』으로 증보되었다.
49) 『五洲衍文長箋散稿』卷12, 「種痘辨證說」.

『우유회두방』牛乳稀痘方에는 음력 섣달에 아이의 피와 경면주사 가루 2푼을 우유에 탄 뒤 녹두호화환綠豆糊和丸과 섞어 설탕물로 삼키는 방안이 제시되어 있다고 설명하였다.[50]

종두와 같은 적극적인 방법으로 전염병을 예방하려던 이규경은 미신적이거나 괴이한 것들에 대한 변증을 통해 나름대로 객관적이고 믿을 만한 지식을 구분하려 하였다. 가령 두창이나 여역癘疫에 귀신이 간여한다는 주장에 대해, "질병이란 내부로는 칠정七情(喜·怒·哀·樂·愛·惡·欲)에 손상되고 외부로는 육기六氣에 감촉되어 발생하는데, 어찌 귀신이 그 사이에 간여할 수 있겠는가. 두창·여역에만 신귀神鬼가 있다고 하므로, 이를 괴이하게 여겨 변증한다"면서 그 허황됨을 비판하였다.

그뿐 아니라 그는 혹세무민의 소문을 변증하여 그 해로움을 미연에 제거하려 하였다. 당시에는 '갈침'葛針이라 하여, 가슴이 막혀 호흡이 곤란할 경우 갈경의 뿌리를 입 안으로 집어넣어 숨통을 터 구활하였다는 소문이 있었는데, 이규경은 이것이 믿을 수 없는 허황한 말임을 논증하였다. 또 인간이 토해낸 회충을 눈에 집어넣은 후 통을 이용하여 빨아들이면 눈을 가리는 예막醫膜이 함께 빨려 나오므로 눈이 안 보이는 증세를 치료할 수 있다는 호남 의녀들의 주장은 모두 위술危術이라고 비판하였다.[51]

각종 전염병에 효험이 있는 처방의 경우, 변증하는 과정에서 이를 몸소 실험해보고 추천하기도 했다. 그 예로 마진 치료법을 들 수 있다. 두痘는 장臟에서, 진疹은 부腑에서 생기는데, 장은 음陰, 부는 양陽에 속한다. 따라서 진은 겉으로 나타나는 열이 극도로 성한데, 이때 얼른 돼지 똥으로 즙을 내어 복용시키면 열이 발산된다는 것이 마진 치료법의 핵심이었다. 이 이론은 남구만南九萬의 『약천집』藥泉集에도 수록되어 있을 만큼 조선 후기에 널리 유행하였는데, 이규경은 이를 직접 시험한 후 처방전의 효과를 논증하였다. "양陽의 열이 극도로 성하여 겉으로 발산되지 못하면 반드시 음陰으로 침투하게 되므로, 그 장臟을 보補한 뒤에야 열이 용사하지 못하게 된다. 그러므로 인삼을 써서 효력을 보는 것은 장병臟病을 치료하는 예와 같은 이치 때문인 것 같다"고 설명하였다. 이 밖에 이헌길李獻吉의 이피삼육탕二皮三肉湯 등 마진 치료에 효과를 본 처방들은 처방문을 수록하기도 하였다.[52]

언뜻 보면 이규경이 매우 사소하고 보잘것없는 내용들을 닥치는 대로 다루고 있는 듯하지만, 사실 그는 객관적이고 믿을 만한 지식과 그렇지 않은 위학僞學을 구별하려는 태도에 근본하고 있었다. 그 덕분에 변증 과정에서 당시의 다양한 풍속들이 자연스럽게 묘사되었다. 예컨대, 19세기 천연두에 대한 미신을 설명하는 가운데 당시 민중들의 풍속이 잘 드러나고 있다.

> 우리나라에서는 두신痘神을 호귀마마胡鬼媽媽 또는 객지客至(손님이 왔다)라 칭하는데, 영남에서는 서신西神이라고도 한다. 어린이가 두역을 앓게 되면 매일 정결한 소반에 정화수 한 사발을 비롯하여 온 솥의 밥과 온 시루의 떡을 장만하여 기도를 드리고, 두역이 끝나면 지번紙幡(종이로 만든 표기)·유마杻馬(싸리나무로 만든 말)·짚신 등 두신에게 드릴 물건을 마련하여 전송하는데 이를 배송拜送이라 한다. 어린이가 처음 두역을 앓을 적에는 모든 동작動作(집안의 각종 토목공사)이나 그 부모의 합방 등을 일체 삼가야 하고, 두역을 앓는 어린이가 혹 다른 증세를 보이면 두신의 빌미[祟]나 다른 응험이 있는 것으

---

50) 『五洲衍文長箋散稿』卷37, 「辟痘稀痘辨證說」.
51) 『五洲衍文長箋散稿』卷10, 「葛萇鍼膈哂筒括目辨證說」.
52) 『五洲衍文長箋散稿』卷7, 「麻疹辨證說」.

로 간주한다. 세속에서, 노봉 민상공老峯 閔相公(閔鼎重)이 죽어서 두역을 맡은 신神이 되었다고 하는데, 이는 허황된 말이다.[53]

이 밖에도 입던 옷이나 망건 등이 의약의 재료가 된다고 하여 회충을 치료하는 데 망가진 망건을 뜯어다가 가루를 내어 초수醋水와 섞어 마시는 풍속, 난산 등으로 목숨이 경각에 달렸을 때 사모紗帽 삶은 물을 먹는 풍속, 급사할 위기에 처했을 경우 다른 사람이 항상 입는 면 옷의 때를 미지근한 물에 빨아 그 즙을 먹는 풍속 등이 변증 과정에서 자연스럽게 서술되었다. 이규경은 자신이 헌종 갑신년(1844), 서울 필동 당숙 집에 머물고 있을 때 한 부인이 역산逆産으로 이미 태아의 손발이 나온 위기에 처했는데 시아버지가 계속하여 사모 삶은 물을 먹이자 곧 순산하였다는 이야기도 덧붙여두었다. 하지만 이를 논리적으로 변증하지는 못하겠노라고 토로하였다.[54]

『무원록』無冤錄 등에 자주 등장하는 고독蠱毒을 설명하는 부분에서는 조선의 사술邪術이 적나라하게 드러나기도 한다. 우리나라에는 염매魘魅라는 괴이한 짓이 있는데, 이는 나쁜 행동을 하는 자가 처음 만들어낸 것이다. 남의 집 어린애를 도둑질하여 고의적으로 굶기면서 겨우 죽지 않을 정도로 먹인다. 때로 맛있는 음식만을 조금씩 주어 먹이는 바, 그 아이는 살이 쏙 빠지고 바짝 말라서 거의 죽게 될 지경에 이른다. 이러므로 먹을 것만 보면 빨리 끌어당겨서 먹으려고 한다. 이렇게 만든 다음 죽통竹筒에다 좋은 반찬을 넣어놓고 아이를 꾀어서 그 속으로 들어가도록 한다. 아이는 좋은 반찬을 보고 배불리 먹을 생각으로 발버둥을 치면서 죽통을 뚫고 들어가려 하는데, 이때 날카로운 칼로 아이를 번개처럼 빨리 찔러 죽인다. 아이의 정혼精魂이 죽통 속에 뛰어든 후에 죽통 주둥이를 꼭 막아 들어간 정혼이 밖으로 나오지 못하게 만든다. 그런 다음 그 죽통을 가지고 부유한 집을 찾아다니면서, 좋은 음식으로 아이의 귀신을 유인하여 여러 사람에게 병이 생기도록 한다. 오직 이 아이의 귀신이 침범함에 따라 모두 머리도 앓고 배도 앓는다. 그 모든 병자들이 낫게 해달라고 요구하면 아이의 귀신을 유인하여 앓는 머리와 배를 낫도록 만들어주는데, 그 대가로 받은 돈과 곡식은 자기의 이득으로 만든다. 이것을 세속에서 염매라고 한다는 것이다.[55]

마지막으로 기魃·계병繼病에 대한 변증은 당시 조선의 수유授乳 습관과 관련하여 흥미로운 사실을 알려준다. 『본초강목』을 인용한 이규경은 "계병繼病이란 어머니가 새로 임신하고 나서 유아에게 젖을 먹이면 그 유아가 학리瘧痢와 같은 증세에 걸리는 것을 말하는데, 유아가 자라면서 배[腹]도 따라 커져 혹 낫기도 하고 재발하기도 한다. …… 계병에 걸린 아이는 밥을 먹으면 살은 찌면서도 윤택하지는 못한데, 그 이유는 정리情理가 서로 통하지 못한 때문이다. 즉 정리가 새로 임신한 아이에게 쏠리기 때문이다. 계병은 기병魃病이라고도 한다"[56]고 설명하였다. 조선 후기 이래 20세기 초까지도 수유 기간이 상당히 길었음을 감안하면, 새로 임신한 후에도 여전히 출생한 아이에게 수유하는 데 따른 산모의 영양 불균형 및 유아의 영양 부족 상태를 논한 것으로 볼 수 있다.

정기에서 근골로

이규경의 변증들이 비록 기존의 지식들을 정리하거나 19세기 전반기의 풍속을 묘사하는 데 그치고 있기는 하지만 새로운 지식이 전연 없

---

53) 『五洲衍文長箋散稿』卷57,「痘疫有神辨證說」.
54) 『五洲衍文長箋散稿』卷36,「衣冠入藥辨證說」.
55) 『五洲衍文長箋散稿』卷11,「魘魅蟲毒辨證說」.
56) 『五洲衍文長箋散稿』卷49,「魃繼病辨證說」.

는 것은 아니다. 서양의 지식들을 서서히 수용하고 있음을 그의 문집 곳곳에서 발견할 수 있다. 특히 '간·심·뇌의 등장과 근골의 작용'은 매우 중요한 대목이다.

이규경의 견해를 명확히 이해하기 위해, 17세기 성리학자 여헌 장현광旅軒 張顯光의 「심설」心說을 통해 전통적으로 '지각'을 담당한다고 인식되었던 '심'心의 지위를 알아보자.

사람의 몸은 큰 것으로는 머리와 낯과 등과 배가 있고 작은 것으로는 손과 발 등의 사지가 있으며, 안으로는 오장과 육부가 있고 밖으로는 귀와 눈과 입과 코가 있으니, 이것은 모두 몸이 가지고 있는 것이다. 그런데 언제나 사람의 선과 악을 말할 때에는 반드시 모두 한 마음을 들고 있으니, 이는 어째서인가? 이理와 기氣를 받아 몸이 된 것은 반드시 크고 작은 몸이 갖추어지지 않음이 없고, 안과 밖의 형질形質이 구비되지 않음이 없은 뒤에야 비로소 형체가 완전한 한 몸이 되는 것이다. 만일 몸이 한 가지라도 갖추어지지 않으면 형체가 완전한 것이 아니고, 형질이 한 가지라도 구비되지 않으면 몸이 완성된 것이 아니다. 그런데 몸의 크고 작은 것과 형질의 안과 바깥을 신명神明이 통솔하고 지각이 총괄하지 않는다면 어찌 각기 자기가 맡은 직책을 수행하고 모두 법칙을 따라서 완성된 사람이 될 수 있겠는가. 마음心은 비록 오장의 하나에 해당하나 실은 한 몸의 군주가 된다. 그러므로 신명이 머물러 있고 지각이 나오는 것이 바로 이 마음인 것이다.[57]

요컨대 인체의 군주인 '심'心이 지각을 담당한다는 것이다.

이제 탕약망湯若望(아담 샬의 중국식 이름)의 이론을 바탕으로 인체의 삼보三寶를 새롭게 규정한 이규경의 논증을 살펴보도록 하자.

이미 뼈가 있고 살이 있어 몸의 형체가 갖추어졌다. 그러나 반드시 열熱로써 생生하고 혈血로써 양養하고 기氣로써 동각動覺하는 것이 있어야지, 여기에서 하나만 결여되어도 하늘이 사람을 낼 수 없는 것이다. 세 가지 기관이 몸의 군주가 되니 그것이 바로 간肝·심心·뇌腦이다. 나머지 지체肢體는 모두 이들에게서 명을 받는다. 이제 논하건대, 피가 이루어지는 것은 반드시 음식을 자원으로 하는 것인데, 음식은 먼저 입과 이빨을 거치고 다음에 위를 거쳐서 굵고 정세한 것이 모두 대락大絡으로 돌아간다. 그러나 다만 정세한 것은 간·뇌에 올라가서 피를 이룰 수 있고 굵은 것은 찌꺼기가 되는데, 여기에서 정세한 것만 남기고 굵은 것을 걸러내는 작용을 하는 것은 곧 지라[脾]이고, 인체에 해를 끼치는 여러 가지 독성을 제거하는 기관은 곧 쓸개[膽]이며, 아직 소화되지 않은 것을 흡수 저장하는 기관은 곧 신장[腎]이다. 지라와 쓸개와 신장이 비록 모두 피를 생성하는 기관이기는 하나, 홀로 변결變結하여 다시 체성體性의 기氣를 생生하는 간만 못하기 때문에 간이 귀한 것이요, 심心은 내열內熱과 생양生養의 기를 이루고, 뇌는 세미細微한 동각動覺의 기를 생하기 때문에 모두 귀한 것이다.58)

이 주장에 따르면 간은 곡물의 기운을 기혈로 만들어주는 에너지의 근원 기관이다. 즉 체성體性의 기氣를 생산하는 곳이다. 그리고 이 기를 통해 인간을 살아 움직이게 만드는 이른바 생양生養의 기는 바로 심장의 역할과 관련되어 있다. 마지막으로 뇌로 올라간 기는 더욱 세밀한 동각動覺을 가능케 하는 기가 되니, 이는 인체의 모든 감각기관과 사지가 바로 뇌의 명령을 받아 움직이기 때문이라는 것이다. 이것은 결국 전통적인 정·기·신의 기능이 간·심·뇌라는 구체적인 장기의 기능으로 대

57) 張顯光, 『旅軒集』卷6, 『雜著』, 「心說」.
58) 『五洲衍文長箋散稿』卷19, 「人體內外總象辨證說」.

체되었음을 보여주는 것이다.

그중에서도 특히 뇌의 활동이 중요하게 취급되었다. 기존의 '심신'
心神의 기능이 '뇌각'惱覺의 기능으로 바뀌었다. 그렇다면 문제는 뇌각과
몸은 어떻게 연결되는가 하는 점이다. 여기에 대해 이규경은 "뇌로써
동각의 기를 발산하는 데 근筋을 사용한다. 다만 몸뚱이와 뇌의 거리가
서로 멀어서 미처 근을 끌어다 온갖 지체肢體에 도달할 수 없으므로, 다
시 경절頸節과 여수膂髓를 통해 뇌와 연결시켜 한 덩어리로 만들어서 두
루 미치게 된다"[59]고 설명하였다.

> 뇌란 일신一身의 근원으로, 마치 초목의 뿌리와 같기 때문에 탕도미湯道未(아
> 담 살)가 삼지三肢(肝·心·腦) 가운데 열거한 것이다. …… '제소남齊召南은 옹
> 정시대 사람으로 건륭조에 벼슬이 예부시랑이었는데, 위인이 매우 영민하
> 여 글 한 줄을 한꺼번에 내리 읽곤 하였다. 뒤에 직숙直宿을 끝내고 돌아오
> 다가 말이 놀라 뛰는 바람에 땅에 떨어져 뇌가 깨졌는데, 눈동자는 빙빙 돌
> 고 신혼神魂은 날아 나갔다. 그러자 몽고의 의생이 소의 뇌를 거기에 채우고
> 산 소의 가죽을 머리에 씌운 다음 진기가 새어 나가지 않게 하고, 온몸을 두
> 들겨 12경맥으로 하여금 다시 원래 상태를 갖추게 하니 365골절骨節이 각
> 기 제 부위로 돌아왔다. 그 결과 3일 만에 통증을 느끼고, 5일 만에 배고픈
> 줄을 알고, 3개월이 다 안 되어서 일어나 걸어 다닐 수 있었다. 그러나 그가
> 평생에 읽었던 글은 한 글자도 기억하지 못하여 전혀 딴사람이 되어버린 것
> 같았다' 하였으니, 이로 본다면 뇌가 동각의 주主가 됨을 알 수 있다.[60]

바야흐로 '지각'이 심心이 아닌 뇌의 역할이 된 것이다. 인공으로 뇌
를 만들고 풀을 잘라서 몸을 만든 후 구규九竅에 진기를 불어넣고 뇌에
정신을 고정시키면 죽은 자도 다시 살아났다는 변증[61]이나, 머리가 잘

렸지만 잠시 살아 있는 이유는 뇌의 신식神識이나 영기英氣가 흩어지지 않은 결과라는 변증62) 등은 모두 뇌의 중요성을 다시 한 번 강조하는 내용들이라 할 수 있다.

한편 간·심·뇌의 부상과 함께 더욱 새롭게 주목해야 할 인체의 요소가 나타났으니 그것이 바로 근맥筋脈이었다. "대체로 간·심·뇌, 이 세 가지의 체體는 정해진 한계가 있으므로 반드시 근맥의 형세를 힙입어야만 능히 몸뚱이와 서로 연결되어 그 소임을 다할 것이다. 그러나 그렇지 못하면 7척의 몸뚱이를 저 세 가지가 어떻게 영위시키어 생양生養과 동각動覺으로 하여금 각기 그 능력을 나타내게 하겠는가"라는 대목은 의미심장하다. 이것은 신체의 중심인 뇌가 동각의 기를 발산하여 각 지체肢體에 명령을 내리기 위해서는 반드시 근맥의 도움을 받아야 한다는 주장인데, 근맥에 대한 이러한 인식은 매우 중요한 변화를 의미한다. 즉 정기精氣 중심의 전통적인 인체관이 서서히 뇌와 근육, 골격을 중요시하는 근골 중심의 새로운 인체관으로 변화하고 있었던 것이다.63)

당시 서구에서 수입된 다양한 의서들은 뼈대와 근육의 움직임을 강조하였는데,64) 그에 따라 뼈와 근육의 움직임은 곧 인체의 가장 중요한 요소로 인식되기 시작하였다. 더욱이 인체관이 변함에 따라 그동안 기의 소모를 불러일으키는 것으로 인식되었던 몸의 움직임이 반대로 양생에 도움이 되는 수단으로 인식되었다. 노동과 근골의 적당한 활동이 치

---

59) 『五洲衍文長箋散稿』卷19,「人體內外總象辨證說」.

60) 上同.

61) 『五洲衍文長箋散稿』卷12,「人死復生辨證說」.

62) 『五洲衍文長箋散稿』卷5,「喪元猶生辨證說」.

63) 필자는 최한기의 『身機踐驗』역시 이러한 관점에서 재해석하려고 시도하는 중이다.

64) 당시 널리 수입된 合信(Hobson의 중국식 이름)의 의서는 뼈를 제일 먼저 다루고 있었다.

산治産의 수단이자 양생의 방도가 된 것이다.

농사짓고 나무하고 고기 잡고 짐승 치는 일은 인생의 본업인 것이다. ……
글 읽는 일에만 도취되어 사리에 어두운 자는 완전한 사람이 아니다. 고봉
高鳳(중국 한나라 때의 학자)이 글 읽는 일에만 정신을 쓰다가 보리 멍석을 비에
떠내려가게 만든 것은 좋은 일이 아니다. 군자가 글 읽는 여가에 울타리 매
기, 담 쌓기, 뜰 쓸기, 변소 치기, 말 먹이기, 물꼬 보기, 방아 찧기 등의 일
을 때때로 한다면 근골이 단단해지고 지려志慮가 안정된다. 치산治産을 잘하
여 집을 보전하는 것이 녹봉을 구하는 것보다 낫고, 섭생을 잘하여 몸을 보
전하는 것이 부처에게 아첨하는 것보다 낫다.[65]

이미 18세기 말에 몇몇 의사들은 건강을 위하여 약보다 운동을 권한
바 있었다. 양반 부인 가운데 아이를 잘 낳는 여자가 드물고, 노비 가운
데 아이를 못 낳는 부인이 드문 이유는 바로 노비들이 평소에 몸을 많이
움직여 근골이 부드럽고 건강하기 때문이라는 것이 그 근거였다.[66]
그러다 19세기 중엽에 이르러 육체 활동을 보장하는 '근골'의 중요
성이 대두되고 근골 중심의 신체관이 득세하면서 드디어 '운동'이 양생
의 주요 방법으로 인식되었던 것이다. 이러한 흐름에 따라 '사람이 처
음 출생하여 움직이고 울고 부르짖는 것은 힘이 있기 때문인데, 힘은 근
골이 군세지는 데 따라 점점 장성하고 음식을 영양으로 하여 왕성하게
발육하니'[67] 인체란 '장부臟腑가 안으로 연결되어 보고 듣고 말하고 웃
고 먹고 마시는 기관을 이루고, 피부가 밖으로 싸 육체의 껍질을 이루는
데, 근골이 얽히고 연결되어 지체를 굽히고 펴고 움직이게 하니, 혈액이
두루 흘러 기운의 활동을 따르고 있다'[68]는 주장이 점차 새로운 인체관
으로 지지를 받게 되었다.

조선시대 풍속과 일상의 재현

"모든 것을 변증하라." 이것이 바로 19세기 학자 이규경의 모토였다. 그는 고증학의 유풍에 따라 세상 모든 것을 변석하고 풀어보려 하였다. 물론 그가 남긴 수많은 변증들이 모두 새롭거나 현재의 관점에서 볼 때 과학적이고 객관적인 것은 아니다. 하지만 곳곳에서 드러나는 19세기 전반 조선 사회의 풍속과 일상은 『오주연문장전산고』를 19세기 전·중반의 민족지라고 불러도 과언이 아니라는 생각을 갖게 한다.

한편 이규경은 새로운 사고에 젖어가는 당시 지식인들의 모습을 여과 없이 보여주고 있다. 철학자라기보다는 역사학자나 박물학자에 가까웠으며, 자신의 사고를 정형화하고 담론 체계를 구성하기보다는 작지만 다양한 것들에 애정을 가졌던 그였기에 서구와 근대에 대한 당시 지식인들의 지향을 스스럼없이 드러낼 수 있었던 것이다. 이 점 또한 『오주연문장전산고』의 가치를 더욱 빛나게 해준다.

요컨대 오주 이규경의 문집은 '과거를 탐구하고, 현재를 서술하며, 미래를 예측하는 변증들의 덩어리'로, 그가 살다 간 시대의 역사를 그대로 재현하는 중요한 사료인 셈이다.

---

65) 李德懋, 『靑莊館全書』 卷27〜29, 『士小節』, 「事物」.
66) 김호, 「18세기 후반 서울 거주 사족의 위생과 의료」, 『서울학연구』 제11집(서울시립대 서울학연구소, 1998).
67) 崔漢綺, 『神氣通』 卷1, 「體通」, "明生於神 力生於氣".
68) 崔漢綺, 위의 책, "諸竅通氣".

김소현 | 배화여대 교수, 복식사

이화여대 의류직물학과를 졸업하고, 동 대학원에서 석사와 박사 학위를 받았다. 석사 학위 논문 「綬에 관한 고찰」은 '綬'라는 소재를 통해 동아시아에서 조선의 복식이 갖는 형식과 의미를 정의한 것이고, 박사 학위 논문 「당대 호복에 관한 연구」는 우리나라에 처음으로 도입된 중국 복식인 당나라 복식의 국제성에 주목하여 그 근간을 이루는 호복에 대하여 연구한 것이다. 이처럼 사람들의 생활 속에 담긴 다양한 문화 교류 양상을 복식을 통해 확인하고 변화의 원형을 조명하는 연구를 해왔으며, 현재는 전통 복식 문화의 틀을 이룬 조선 후기 복식을 탐색하여 그 당시의 의생활 풍속을 복원하는 작업에 관심을 기울이고 있다. 이탈리아 피렌체대학교 복식학교의 초청 연구원을 역임했으며, 배화여대 전통의상과 교수로 재직 중이다.

이 글은 의생활과 관련된 30여 가지 주제를 변증한 『오주연문장전산고』를 본격적인 연구 자료로 활용하여 의복의 수급을 중심으로 19세기 조선의 의생활 풍속을 고찰한 것이다. 현재 남아 있는, 복식 구성에 관한 가장 오래된 책은 1925년에 김숙당이 쓴 『조선재봉전서』이지만, 이규경의 변증설을 이용하면 적어도 100년 전의 의복 구성을 파악할 수 있다.

19세기 조선의 의생활 풍속

조선 후기의 의생활

　명나라의 멸망과 더불어 조선중화주의를 주창한 조선은 정치적 쇄국주의, 문화적 폐쇄주의를 선택함으로써 17세기 말에서 18세기 전반기에 걸쳐 문화 전반에 고유한 색채를 띠는 전통 양식을 이룩하였다. 18세기 영조대와 정조대를 거치면서 조선의 문화와 제도는 재창조되고 정비되었으며, 국가의 의식은 더욱 규모가 커지고 화려해졌다. 19세기 순조 초년까지도 선대의 문화 수준이 유지되었으나, 이후 세도정치에 물들어가면서 탕평책에서 비롯된 새로운 정치 질서와 국가 제도 정비 사업은 그 꽃을 피우지 못한 채 시들어버리고 말았다. 또한 왕조 성립 당시부터의 기본 정책이었던 쇄국주의를 고수한 데다 중국과의 교류마저 단절하면서 조선은 고립화로 인해 점차 낙후되어갈 수밖에 없었다. 특히 중국 문명이라는 거대한 용광로 속에서 문화국가로 탈바꿈한 청나라의 문화는 물론이고 서양의 선진 문물마저 거부하는 폐쇄성 속에서 기술 분야는 현저하게 뒤떨어졌으며 직물 생산 기술 역시 낙후되었다.

그러나 문화 전반에 걸쳐 나타난 한국화 양상은 일상의 복식이나 복식 제도에서 전통 양식을 형성하는 결실을 맺었다. 전반적으로 길고 풍성하던 조선 전기의 복식은 후기에 들어오면서 간소하고 실용적인 방향으로 변하였고, 의복의 크기 역시 실용적인 치수로 단순화되었다. 한편 경제적으로 풍요해진 중인과 상인은 재력을 바탕으로 분에 넘치는 의복 사치를 일삼았고, 심지어 천민이 양반의 옷차림을 하는 일이 생기면서 복식에 담긴 신분 상징성이 크게 약화되었다. 이와 반대로 양반은 간편함과 새로움을 좇아 평민의 의생활을 따름으로써 스스로 위계질서를 흔드는 역할을 하였다.

복식 제도 면에서 조선은 줄곧 명나라 제도와의 유사성을 추구하였다. 하지만 조선 후기에 이르러 각종 법전과 예전의 증보를 통해 예제를 재정비하면서 복식 의례도 독자적인 방식으로 제도화시켰다. 영조대에 편찬한 『국혼정례』國婚定例,[1] 『상방정례』尙方定例,[2] 경국대전을 증보 개정한 『속대전』續大典,[3] 『속오례의』續五禮儀[4] 등에 수록된 복식 제도는 과거의 제도 중 시세에 맞지 않는 것을 수정·보완할 뿐 아니라 사치를 금하고 사회 기강을 확립하기 위한 것이었는데, 그 배경에는 조선의 문화적 자부심을 드러낸 조선중화주의가 자리하고 있었다.

관리의 제복인 관복은 보다 단순화되었는데, 이는 세분화에서 오는 품계 구분의 혼란을 막고 위계의 분별력을 강화하려는 의도에 따른 것이었다. 이와 반대로 일상복은 신분 구별이 모호해지는 방향으로 변해 갔는데, 그 가장 큰 원인은 바로 의복 사치였다. 1781년(정조 5)에 간행된 『추관지』秋官志에는 하급 계층에서 비롯된 사치 풍조가 범람하는 현실을 경계하는 글이 실려 있다.

오늘의 사치는 아래로 말미암아 들어왔다고 하겠노라. 한 가지 일로써 말한다면 망건이 넓은 것과 모자가 높은 것도 고계高髻를 좋아하였기 때문인가. 대개 근대의 풍속은 한 사람이 만들어내면 백 사람이 이를 본받고 그 명칭을 시체時體라 하며 나라 안이 모두 그러하니, 이 두 가지 일로써 미루어 본다면 아래에서 행한 것이라.

좁고 짧은 저고리는 처음에 기녀들이 입기 시작했으나 양반가의 여자들도 이를 아름답게 여겨 착용함으로써 귀천이 통용하는 바가 되었다. 이덕무李德懋(1741~1793)는 『청장관전서』靑莊館全書에서, "대저 복식에 있어서 시양時樣이라고 부르는 것은 모두 창기들이 아양 떠는 자태에서 생긴 것인데, 세속 남자들이 그 자태에 매혹되어 그 요사스러움을 깨닫지 못하고 자기의 처첩에게 권하여 그것을 본받게 함으로써 서로 전하여 익히게 한다. 아! 시례가 닦이지 않아서 규중 부인이 기생의 복식을 하도다. 모든 부인은 그것을 빨리 고쳐야 한다"며 기생의 복색을 따르는 시속을 탄식하였다. 19세기에 들어 저고리는 더욱 짧아지고 작아졌는데, 길고 풍성한 치마와 몸에 꼭 끼는 저고리는 허리를 강조하고 몸체를 가늘어 보이게 하는 효과를 낳았다.

1) 왕실에서 국혼으로 인한 국고의 낭비를 없애고 솔선수범을 보이기 위해 영조 25년(1749)에 朴文秀 등에게 명하여 편찬하였다.
2) 영조 26년(1750)에 尙衣院에서 편찬한 궁중 의복 관련 서적이다. 誕日·명절·年例進上 이외에도 수시로 진상하는 일이 많아지자 영조가 절제 없음을 염려하여 그 정례를 편성케 하였다.
3) 金在魯 등이 영조 22년(1746)에 편찬한 법전으로, 조선 초기에 편찬된 『經國大典』의 續典이다. 『經國大典』 이후에 반포된 受敎·條例 등이 번잡하여 그 해석과 시행에 어려움이 따르자 다른 법전을 檢校하여 선택·유합하고, 여기에 다시 누락된 것 중 시세에 맞는 것을 보충하였다. 복식 제도에 관한 것은 『禮典』 「儀章冠服」 條에서 다루고 있다.
4) 영조 20년(1744)에 李德壽 등이 편찬하였다.

신기申耆가 정조 7년(1783)에 상소한 글에는 이처럼 신분 질서가 흔들리던 당시의 정황이 잘 드러나 있다.

나라가 한 세상을 유지하고 사방에 기강을 세우는 것은 명분 바로 이것인데, 근래에 이르러 명분이 땅에 떨어져 거리 사람이 재상의 이름을 부르고 시정의 무리가 서로 양반이라고 일컬으며, 종모騣帽는 조사朝士의 건巾인데 시사時仕의 이례吏隷가 쓰기를 예사로이 하고 도포는 유생의 옷인데 시장의 상인들이 예사로이 입으며, 상천常賤이 사대부를 욕하고 꾸짖기를 능사로 삼고 노비가 상전을 배반하는 것을 예사 버릇으로 여기니 …… 청컨대 묘당廟堂으로 하여금 경외京外의 집법관에게 신칙申飭하여 먼저 마을에 효유曉諭하고 이어서 또 엄히 금지하여 명분을 바로잡는 하나로 삼게 하소서.

하지만 시간이 흐를수록 의복 사치는 더욱 심해져서 백성들이 왕실의 양식을 따라 하는 지경에 이르렀다. 순조 30년(1830)에 왕세자가 대리청정을 하면서 내린 금령에는, "타는 것과 입는 것에 각각 일정한 제도가 있는 것은 대저 상하를 분변하고 백성의 뜻을 정定하게 하는 바인데, 근래에 속습이 퇴패頹敗하고 제도가 문란하여 당하관 문음이 옥교屋轎를 타고 사서인士庶人이 흰옷을 입습니다. 선조先朝에서 신칙해 금한 것이 과연 어떠하였는데 지금은 금함이 없으니, 무관 수령이 나쁜 것을 본받아 가마를 타는 것과 여염의 천한 여자가 쪽머리[北髻]를 하는 것은 보기에 더욱 막되고 괴악합니다. 이 같은 무리는 혹은 제도에 넘치는 데 관계되고 혹은 풍속을 패敗하게 하는 데 관계되니 청컨대, 일체로 엄금하소서"라는 내용이 나온다. 당하관 문음이 임금이 타는 옥교를 타고, 천한 여자가 궁궐 양식인 쪽머리를 할 만큼 당시의 의생활이 문란했음을 알 수 있다.

반대로 양반이 천한 이의 의생활을 따른 대표적인 사례로는 두루마기 즉 주의周衣 착용을 들 수 있다. 원래 사대부와 조정 관리는 중의 옷 같은 광수주의廣袖周衣를 착용하지 못하게 되어 있었다. 오늘날 두루마기 유물이 발굴된 무덤의 묘주는 대개 무인인데, 조선시대에 두루마기를 천하게 생각했던 바탕에는 무인의 옷이라는 인식이 자리 잡고 있었던 것으로 생각된다. 그러나 조선 후기에 들어오면서 사대부들은 집에서 광수주의를 즐겨 입었고, 외출할 때면 겉옷 안에 받쳐 입기도 하였다. 이러한 현상은 복식의 상징성이 크고 심리적 위압감을 주는 도포나 심의深衣보다 주의가 주는 심리적 간편함을 좇았기 때문이라고 볼 수 있다. 결국 고종 31년(1894), 복제 개혁을 통해 남녀·귀천에 관계없이 두루마기를 통용토록 함으로써 전통 복식에 담긴 신분 상징성은 퇴색되었고, 이것은 신분 철폐에 버금가는 충격을 사회에 던져주었다.

한편 조정에서는 사치를 금하기 위해 끊임없이 고급 필단疋緞에 대한 금지령을 내렸다. 영조 22년(1746)에는 연경에서의 필단 무역을 금지시키고, 상방에서의 문단紋緞 제직을 금하여 상방직금방尙方織錦坊을 폐지하는 한편 문직기를 불사르기도 하였다. 이후 임금들도 검약하고자 한 영조의 뜻을 받들어 사치를 엄격히 금지하였다. 그에 따라 일상의 복식에는 주로 면綿, 포布, 모시[苧], 명주明紬 등이 사용되었다. 이러한 금제는 고급 견직물의 제직 기술을 쇠퇴시켰고, 그에 따라 백성들은 고급 직물에 대한 소비 욕구를 청과의 밀무역을 통해 채워 나갔다. 결국 사치는 금하지 못한 채 국내 직물업의 침체만 불러오는 참담한 결과를 낳고 말았던 것이다.

검소를 미덕으로 삼아 백성의 의생활을 규제한 경우는 역사 속에서 빈번히 발견되지만, 조선왕조의 경우 금령이 지나쳐서 기술 발전의 가능성까지 차단하는 결과를 초래했다. 박제가朴齊家(1750~1805)는 『북학의』北學議에서 "어떤 나라는 사치 때문에 망하기도 하였거니와 우리나라는 검소함으로 쇠하여졌다. 왜 그런가. 대저 재물은 우물과 같다. 퍼 쓸수록 가득하고 쓰지 않으면 말라버린다. 그러므로 무늬 있는 비단옷을 입지 않음으로 비단 짜는 기계가 없고 따라서 여공도 쇠하였다"[5]고 지적하였다.

이 시기 농촌에서는 곡물 이외에 담배, 인삼, 면화 등의 특수작물도 재배했는데, 특히 면화는 농민의 소득 증대에 큰 몫을 담당했다. 고려 말에 전래되어 경상도를 중심으로 한 남부 지방에서만 재배되던 면화는 조선 후기에 들어서면서 전국적으로 재배되었을 뿐 아니라 농민들에게 가장 중요한 옷감 원료가 되었다. 장터에서 거래되는 면화의 양이 늘어나면서 면화세를 거두는 지방도 많아졌다. 1800년대 전반기, 전국 장터에 출시된 상품을 조사한 서유구 徐有榘(1764~1845)의 『임원경제지』林園 經濟志에 따르면 이 무렵 전국에는 1,052곳의 장터가 있었다. 그는 이 가운데 비교적 큰 장터라고 생각되는 324개 장터에 출시된 상품을 조사하였는데, 그중 무명이 240개, 명주가 60개, 마포가 139개, 모시가 45개 장터에서 거래되었다.[6]

농민들은 당초 자가 수요를 위해 옷감을 생산했으나, 점차 상품 생산 단계로 들어가 직물 생산에 전념하는 농가도 생겨났다. 베 짜는 여인 한 사람의 수입이 농부 세 사람의 수입보다 낫다는 기록에서 알 수 있듯이 농사보다 직포에서 얻는 수입이 많았다. 옷감으로 가장 많이 쓰인 면포는 거의 모든 장시에서 대량으로 거래되었고, 특히 경상도 진주에서 생산되는 진목 晉木은 질이나 생산량에서 가장 유명했다. 명주는 평안도, 경상도, 전라도 지방에서 많이 거래되었는데, 특히 평안도에서 생산되는 합사주 合絲紬와 전라도 지방의 후주 厚紬가 유명했다. 또 모시의 명산지는 충청도 한산, 임천 등이었고, 경상도 지방에서 생산되는 세모시,

황모시 등도 명성이 높았다.

　그러나 농촌 수공업 단계에서 생산량이나 품질 면에서 가장 앞섰던 면직물도 공장제 수공업 단계로 발전하지는 못했다. 문호 개방 이전까지 국내시장과 해외시장의 교류는 극히 제한적이었고, 그 때문에 상업 자본의 성장과 도시 수공업의 발달에도 한계가 있을 수밖에 없었다. 그 결과 문호 개방 이후 자본주의의 면직물이 밀려 들어오자 토산 면직물의 생산 구조는 급격히 무너져내렸다.

『오주연문장전산고』에 담긴 의생활 자료

　19세기 세도정치하에서 편찬된 백과전서적인 저술에서는 실학적 분위기가 쇠퇴하고 고증학적 특징이 두드러지는 경향이 나타났다. 다방면에 걸친 각종 지식을 '변증설'이라는 형식을 통해 고증학적으로 분석한 이규경의 『오주연문장전산고』가 그 대표적인 사례라 할 수 있다. 그리고 잡다한 것에 대한 이규경의 관심은 결과적으로 『오주연문장전산고』를 조선 후기의 의생활 문화를 연구하는 데 없어서는 안 될 더없이 귀중한 자료로 만들었다. 옷감의 생산부터 의복의 생산과 관리에 이르기까지 의복의 수급 과정은 단순히 자급자족의 의미만 갖는 것이 아니라 사회적, 국가적인 측면에서도 큰 의미를 지니는 일이었다. 하지만 대부분의 학자들은 이를 일상생활의 하찮은 일로 인식해 저술의 대상으로 여기지 않았다. 의복의 수급은 사람이 살아가는 데 꼭 필요하고 실제적인

---

5) 朴齊家, 『北學議』內編, 「市井」.
6) 강만길, 『고쳐 쓴 한국 근대사』(창작과비평사, 1994) 79, 115쪽.

문제이지만 이규경이 아니었다면 우리는 그에 대한 객관적이고 세밀한 기록을 얻을 수 없었을 것이다. 그의 기록이 더욱 귀중하게 여겨지는 것은 바로 이 점 때문이다.

『오주연문장전산고』에는 의생활과 관련된 30여 가지의 주제가 고증과 관찰 기술을 통해 변증되어 있다. 각 주제는 크게 의복의 소재·쓰개류 및 머리모양·의복·상례喪禮 복식·기타 등으로 분류할 수 있는데, 조선 후기의 의생활 양상뿐 아니라 중국의 풍습, 서구 문물에 대한 지식까지도 폭넓게 담고 있다. 고증 방법으로는 주로 문헌 위주의 해석 방식을 취하고 있다. 오늘날 발굴된 유물과 대비해보면 잘못 이해한 부분이 간혹 발견되긴 하지만, 당시의 의생활 풍속을 세밀하게 관찰하여 기록함으로써 풍부한 생활상을 전해준다는 점에서 의의를 찾을 수 있다. 한편 이규경은 자신의 주장이나 논리를 펴지 않고 주제를 비교적 객관적으로 기술하고 있다. 그러나 중요하게 생각하는 점은 다른 주제를 다루면서도 되풀이하여 언급하였기 때문에 서술 내용을 통해 자연인 혹은 사회 구성원으로서의 그의 복식관을 엿볼 수 있다.

의복 소재에 대한 변증

면직물을 가장 비중 있게 다루었고 그 다음으로 마직물, 견직물 순으로 무게를 두고 서술하였다. 이것은 조선 후기에 주로 사용되었던 옷감의 소비량에 따른 것이다. 모직물에 대한 언급이 빠진 것은 옷감으로 많이 사용하지 않았던 생활상이 반영된 것이며, 마직물의 제직 과정을 섬세하게 채록한 것은 다른 나라의 생산방식과 차별화되는 우리의 우수한 생산기술을 반증하는 것이다. 또한 견직물 생산에 대한 언급이 상대적으로 미흡한 것은 고급품의 수요를 수입에 의존하던 사회상을 보여주며, 중국산을 능가하는 고급품이었던 백저포白紵布에 대한 기록이 없는 것은 저포 산지가 협소하여 공급이 부족하고 대중성이 없었기 때문으로 보인다. 흰옷을 즐겨 입는 풍습에 대해 따로 변증하지는 않았지만, 「목극변증설」이나 「목면초면변증설」을 통해 흰빛을 좋아하고 잡색을 싫어하는 풍습 때문에 자색 면화가 퍼지지 못한 사실 등 흰옷을 입는 풍습이 백색에 대한 기호에서 생겨난 것임을 드러내고 있다.

「연마변증설」練麻辨證說(卷9)은 세포 생산지인 육진과 영남에서 마를 정련하는 방법을 소개한 것이다. 마향麻鄕이라 불린 육진은 극세포인 통포筒布로 유명한데, 통포는 한 필이 작은 바리 속에 다 들어간다고 하여 발포鉢布라고도 불렀다. 영남의 특산물 세포細布는 곱고 투명함을 특징으로 하는데, 이 세포를 얻기 위해 마를 쪄내고 숙성시키고 세탁하는, 일련의 복잡하고 공이 많이 드는 정련 방식을 상세하게 다루었다.

「산야잠변증설」山野蠶辨證說(卷12)에서는 산누에고치를 얻는 방법에 대해 설명하였다. 산누에는 산사나무, 동백나무, 산뽕나무 등의 쓴 잎을 먹고 자라기 때문에 잎이 쓴 나무가 있는 곳에 산누에를 뿌리기만 하면 자라나서 고치가 된다. 고치를 거두어다가 잿물에 남초경을 넣고 끓여서 실을 뽑아 견사를 얻는다. 산누에는 고치에서 나온 나방이 날아가지 못하도록 실로 다리를 묶어놓고 자웅이 교접하여 알을 낳으면 잘 두었다가 봄이 되면 나무에 올려서 얻는다고 변증하였다. 「잠종변증설」蠶種辨證說(卷24)에서는 누에씨가 도입된 유래와 상잠常蠶, 잠실잠蠶室蠶, 작반잠鵲斑蠶 등 대표적인 누에씨의 특징을 소개하고, 견직물을 매개로 이루어진 당나라와 로마제국의 교역에 대한 설명도 덧붙였다.

「목면초면변증설」木棉草綿辨證說(卷16)에서는 면직물의 원료인 목면과 초면에 대해 고증하고, 목화의 도입 과정과 재배에서 제직에 성공하기까지의 상황, 면직물의 종류 등을 설명하였다. 면화에는 백색, 자색, 남색의 세 종류가 있는데, 질기고 때가 잘 타지 않는 자면紫綿도 우리나라에 들어왔으나 흰빛을 좋아하는 풍습 때문에 약간 검은빛이 도는 회색의 자면은 보편화되지 못했다고 소개하였다. 백색을 좋아하는 우리 민족의 기호를 다시 한 번 확인하게 해준다.

「초포변증설」蕉布辨證說(卷22)은 파초의 줄기를 이용해 만드는 초포에 대해 변증한 것이다. 광택이 있고 반들거려 아름답지만 쉽게 해어지는 파초는 유구琉球에서 우리나라와 중국에 진상하던 특산물이었다. 이규경은 우리나라에도 파초가 있으나 유구의 것과는 다르고 또 제직법을 알지 못해 옷감을 만들어낼 수 없다고 지적하면서 다양한 파초의 종류와 특징을 설명하였다.

「포백금단변증설」布帛錦緞辨證說(卷45)은 우리나라 직물뿐 아니라 다른 나라의 특산 직물에 이르기까지 의복의 소재가 되는 모든 원료와 직물을 다룬 글이다. 흔히 알고 있는 면직물, 마직물, 견직물, 모직물을 비롯해 칡넝쿨, 나무줄기, 종이 섬유 등 모든 식물성 섬유와 거위 털, 기러기 털, 어피魚皮 등 다양한 동물성 섬유를 소개하였다. 또 서양의 모직물을 중국의 견사와 견직물로 바꾸어 가는 당시의 교역 상황과 그로 인해 우리나라의 견사도 중국으로 흘러들어 명주 가격이 오르는 현실을 설명하고, 36종에 이르는 수입 직물에 대한 소개도 덧붙여두었다.

「수피금모변증설」獸皮禽毛辨證說(卷22)에서는 수피금모獸皮禽毛의 종류를 열거하며 그 특성을 자세히 다루고, 각각의 용도와 관리법에 대해 설명하였다.

쓰개류 및 머리모양에 대한 변증

이규경은 머리모양을 비롯한 관모류에 가장 많은 관심을 기울였는데, 이것은 의관에 대한 당시 사람들의 관심을 보여주는 것이라 할 수 있다. 상투의 수발 도구인 망건, 그 위에 쓰는 여러 가지 관모, 여자들의 머리모양, 쓰개 등이 모두 신분을 드러내는 상징성을 지니고 있었기 때문에 엄격한 신분 사회였던 조선에서 관모가 갖는 의미는 그만큼 큰 것이었다.

「고금관건제도변증설」古今冠巾制度辨證說(卷4)에서는 관冠과 건巾의 제도를 살피고 있다. 고대 중국의 관모에서 출발하여 관모의 다양한 변화를 변증하고, 우리나라의 고대 관모인 절풍건, 나제립부터 저작 당시에 쓰이던 90여 가지에 이르기까지 대표적인 관모를 고찰하였다.

「망건환제변증설」網巾環制辨證說(卷34)에서는 망건과 권자圈子(貫子) 제도에 대하여 변증하였다. 망건은 원래 중국에서 전래되었지만 말총을 원료로 하는 조선식 망건으로 재창조되어 중국으로 역수출되었는데,[7] 이러한 특징에 대해서는 언급하지 않았다.

「망건전족변증설」網巾纏足辨證說(卷36)은 망건 제도와 전족의 유래를 설명한 것이다. 망건이나 전족은 일단 착용하기 시작하면 몸의 일부로 간주하여 쉽사리 몸에서 떼어놓지 않는 특징이 있다. 이런 공통점 때문에 이질적으로 보이는 두 주제를 하나로 묶어서 변증한 것이 아닌가 생각된다.

「입제변증설」笠制辨證說(卷45)에서는 송나라 손목孫穆이 쓴 『계림유사』鷄林類事를 인용하여 삿갓에 대해 설명하였다. '笠'은 고려 말로 '갇'이고 그 모양이 조선시대의 갓과 달리 고깔 모양의 절풍건折風巾과 비슷한데, 절풍건은 방립方笠 계통으로 변하여 패랭이가 되고 다시 흑칠립黑漆笠으로 변했다고 변증하였다. 또 절풍折風은 서북풍을 가리키는 것으로 입동의 기후이며 만물을 꺾어 상하게 한다는 의미가 있는데, 절풍건

---

7) 김소현, 「조선시대 복식에 나타나는 전통 양식과 중국 양식」, 『동양예술』 제5호(한국동양예술학회, 2002) 34~37쪽.

이 추운 겨울에 알맞은 모자인 까닭에 이런 명칭을 갖게 된 것이라는 독자적인 해석을 내놓기도 하였다.

한편 이규경은 이익李瀷의 『성호사설』星湖僿說을 인용하여, 절풍건이 조선시대의 갓으로 변화해갔다고 주장하였다. 이 주장은 절풍건과 나제립이 동일하다는 전제에서 출발하지만, 고구려 벽화 등의 그림 자료를 분석해보면 절풍건과 나제립은 분명히 계통이 다른 쓰개라는 사실을 알 수 있다. 나제립은 머리 위로 우뚝 솟은 갓모자와 챙에 해당하는 갓양태가 있는 쓰개이지만, 절풍건은 이규경이 분석한 대로 고깔 모양이다. 따라서 조선시대의 갓이 나제립에서 발전한 것이라면 모를까 절풍건에서 유래했다는 설명은 적절치 않다. 이규경이 이 글을 쓸 당시에는 시각적인 증거물이 될 만한 유물이 없었기 때문에 문헌에 나타난 글자만으로 분석할 수밖에 없었는데, 그 때문에 이런 오류가 발생한 것으로 보인다. 그 밖에 조선시대에 쓰던 초립草笠, 방립方笠, 사립絲笠, 주립朱笠, 저모립豬毛笠, 총립驄笠 등 다양한 종류의 입제와 착용례, 유행 현상 등에 대해서도 세밀하게 설명하였다.

「난이말겹호항난모변증설」煖耳袹袷護項煖帽辨證說(卷45)에서는 겨울용 쓰개인 '난이'煖耳의 연혁을 고증하고 여러 가지 난이를 소개하였다. 사가私家에서는 귀천貴賤, 문무文武에 관계없이 털을 대거나 겹으로 만든 휘항揮項, 호이엄, 풍차風遮를 썼다. 무신은 휘항의 가장자리에 털을 댄 만선두리를 공복公服에 사용했고, 연로한 조신은 항풍차項風遮 또는 삼산건三山巾이라 불린 소풍차小風遮를 썼다. 문관, 무관, 음관蔭官은 10월 초하루에서 이듬해 1월 그믐까지 공복의 관모에다 '이엄'이라는 난모暖帽를 썼다. 이엄은 피견披肩이라 불리기도 하였다.

당상관의 이엄은 담비 가죽〔貂皮〕으로 만들고 당하관의 이엄은 쥐 가죽〔鼠皮〕로 하였는데, 명종 이후에는 담비 가죽의 사용이 금지되었고 쥐

가죽은 구하기가 어려워졌다. 그에 따라 왜달피倭獺皮가 유행하게 되었다. 하지만 왜달피의 수입이 늘어나면서 일본으로 수출하는 면포의 양도 증가하자 결국 왜달피의 수입마저 금지되고 그 대신 황광피黃狂皮가 유행하게 되었다. 이러한 이엄 소재의 변화 양상과 더불어, 비천한 자는 아무리 추워도 존귀한 자 앞에서 휘항을 쓸 수 없었던 당시의 풍속이 자세히 소개되어 있다.

또 이규경은 정약용丁若鏞(1762~1836)의 『아언각비』雅言覺非를 인용하여, '護'와 '揮'가 중국 발음으로는 같지만 우리나라에서는 소리가 다르므로 휘항揮項보다는 호항護項이라는 용어가 적합하다는 견해를 밝히기도 하였다. 하지만 오늘날까지도 호항보다 휘항이라는 용어가 보편적으로 사용되고 있는 것을 보면 관습을 바꾸기는 쉽지 않은 모양이다.

「유모변증설」帷帽辨證說(卷45)은 부녀자들의 외출용 머리쓰개, 즉 개두蓋頭의 발전 과정을 변증한 것이다. 이규경은, 세종대의 기건奇虔이 개두를 만들었는데 사람들이 그것을 '너울'이라 부르면서 말을 타고 다닐 때 썼다는 『명신록』名臣錄의 기사를 반박하고, 사실은 중국의 유모帷帽와 면의面衣 제도에서 따온 것이라고 변증하였다. 또 기녀나 하녀가 쓰는 전모氈帽에 유모를 덮어쓴다면 내외하기에 적합하고 비 오는 날에도 편리할 것이라는 자신의 의견이 수용되지 않음을 안타까워하였다. 그러나 이미 고려시대부터 개두, 즉 길이 9척의 몽수蒙首가 유행했던 사실에 대해서는 언급하지 않았다.

「동국부녀수식변증설」東國婦女首飾辨證說(卷15)에서는 남성이 관모로 신분을 구분하는 데 비해 여성은 머리 장식과 머리모양으로 구별한다는 사실을 상세하게 설명하고, 가체加髢에 대한 역사적 고찰에 힘을 기울였다. 고구려 여인의 머리 장식을 설명하는 사서史書 기록 중 '건귁'에 대한 여러 설을 살핀 뒤, '귁'은 우리나라 방언으로 '어여마니' 즉 '머리에 두르는 것'을 가리키는데, 원래 왕후가 쓰는 것을 외람되이 혼인할 때 쓰는 머리 장식품으로 삼게 되었다고 말하였다. 이를 통해 이규경이 '건귁'을 일종의 가체로 인식했음을 알 수 있다. 또한 정조 신해년(1791) 이후 가체로 인한 머리 사치의 폐해를 막기 위해 쪽머리와 족두리가 권장된 상황을 세밀하게 설명하였다.

머리모양뿐 아니라 여성들의 차림새에 대해서도 선학들의 저서를 인용하여 언급하고 있다. 그런데 몇몇 인용문에 드러난 지식인들의 사고 체계는 당시 조선의 유행 현상을 바르게 인식하지 못하고, 이상적인 것은 중국의 것으로 못마땅한 것은 몽고의 탓으로 돌리는 편향적인 모습을 보여주고 있다. 한편 변증 과정에서 『계림유사』를 인용하여 개두를 고려 방언으로 자모개子母盖라 한다고 하였는데, 이것은 앞으로 고려 시대의 쓰개인 몽수와 자모개의 관계를 연구하는 데 좋은 단서가 될 것이다.

「관북실녀상계변증설」關北室女上髻辨證說(卷34)에서는 두만강 하류 남안에 설치된 육진六鎭 곧 종성·온성·회령·경원·경흥·부령 지방의 풍속을 변증하였다. 즉 혼인하지 않아도 16~17세가 되면 여자는 머리에 쪽을 찌고 남자는 상투를 트는 풍속을 소개하고, 여진족이 살던 고장이므로 오랑캐의 습속이 남아 있기 때문이라고 그 원인을 분석하였다.

의복에 대한 변증

「복식재량변증설」과 「의복재봉변증설」에 기록된 의생활 풍속은 『오주연문장전산고』에서만 볼 수 있는 매우 독자적이고 특징적인 것이다. 각종 복식의 당시 명칭, 부위별 명칭, 바느질 명칭 등이 잘 나타나 있는데, 깃마루(깃고대), 소매배알(소매통), 옷기슭(옷자락) 등은 오늘날 되살려 봄 직한 명칭이다. 또 관가에서 쓰는 한자 위주의 명칭 대신 속칭을 사용한 경우도 있어 당시의 실제적인 의생활 풍속을 세밀하게 들여다볼 수 있다.

「도포변증설」道袍辨證說(卷45)에서는 마땅한 고증 자료가 없다는 전제하에 시대별 포袍의 변화를 살피면서 도포道袍의 유래를 변증하였다. 이규경은 포가 시대에 따라 철릭[帖裡], 직령直領, 도포 등으로 변해온 사실을 설명하고, 당시에 상복上服으로 생각하던 도포가 도복道服에서 비롯되었다는 결론을 내렸다. 도포에 대해서는 근대 이후에도 여러 가지 설이 제기되었으나 최근 이은주의 논문[8]을 통해 정리된 바와 같이 도포는 직령포의 무가 변하는 과정에서 발생한 것으로 보인다.

「심의변증설」深衣辨證說(卷56)은 『예기』禮記, 『시경』詩經, 『논어』論語 등 옛 경전에 언급되어 유학자들 사이에 많은 변설이 따르던 심의에 대해 나름의 변증을 시도한 것이다. 여러 의복 중에서 유독 도포와 심의에 대해서만 따로 변증한 것은 이것들이 비록 평상복이지만 삶의 품격과 신분을 드러내는 신분 상징성이 큰 대표적인 의복이었기 때문으로 보인다. 이규경은 심의에 대한 여러 학설 가운데 이최지李最之의 설이 가장 뛰어나다는 평가를 내리고, 그의 학설을 인용하여 의복의 척도를 주척周尺으로 정하였다. 주척은 신체의 일부를 이용해 치수를 정하는 척도이다. 남자는 왼손, 여자는 오른손을 기준으로 엄지손가락과 가운뎃손가락 끝을 맞닿게 구부려 고리 모양을 만든 다음, 가운뎃손가락 첫째 마디와 둘째 마디에 가로 선을 그어 그 길이를 1촌이라 하고 그것의 10곱을 한 자라고 하는데, 두 젖꼭지 사이의 거리를 재어보면 그 길이가 한 자가 된다고 하였다. 심의와 짝을 이루는 복건에 대해서는 남색 명주로 안을 대어 겹복건을 만드는 것이 시속時俗이라고 설명하였다.

8) 이은주, 「도포의 양식」(서울여대 박사 학위 논문, 2000).

단건은 노론의 복식이고 겹건은 소론의 복식이었는데,[9] 정치적 영향력이 크지 않았던 소론의 겹복건이 일반화된 이유는 현재까지도 정확히 알려져 있지 않다. 심의는 오늘날도 복식사학자들의 연구 대상이 되고 있으며, 김인숙,[10] 정혜경,[11] 김정자[12] 등의 연구 결과가 있다.

「복식재량변증설」服飾裁量辨證說(卷4)에서는 성별, 체구, 신분에 따라 의복의 크기에 차이가 있음을 전제한 뒤 당시 남녀의 기본 옷차림을 제시하였다. 또 의복과 침구를 만드는 데 필요한 옷감, 솜의 양을 어림하여 규모 있는 살림을 꾸려갈 것을 제안하기도 하였다. 이 글에는 의복의 명칭이 모두 속칭으로 표기되어 있는데, 그 덕분에 당시의 실생활을 생생하게 확인할 수 있다.

「의복재봉변증설」衣服裁縫辨證說(卷37)은 의복의 명칭을 비롯해 옷을 이루는 각 구성 부위의 명칭, 바느질 방법 및 도구의 명칭 등을 다룬 글이다. 특히 한자어를 한글로 설명해놓았기 때문에 당시 사용되던 명칭을 좀 더 정확하게 이해하는 데 도움이 된다. 복식의 기원과 제작 원리도 간략히 설명되어 있다.

「구모향외변증설」裘毛向外辨證說(卷25)에서는 털가죽을 안에 대는 우리나라의 갖옷 제작 방식과 그 반대인 중국의 방식을 비교하고, 경전에 보이는 구裘, 보구黼裘, 대구大裘 등에 대해 고증하였다. 그런데 이규경은 중국 최고의 예복인 대구를 만들 때 털을 겉에 대었다는 사실을 발견하고는, 털이 겉으로 나오게 입는 방식을 오랑캐의 풍습으로 치부하던 자신의 생각을 뒤집는다. 이것은 이규경이 비록 이념보다 실생활과 관련된 사물에 많은 관심을 기울였지만, 중국의 것이 사물의 원류이며 선진적이라는 유학자들의 보편적 선입견을 떨어내지 못한 일면이 있었음을 보여주는 사례이다.

「포침변증설」布針辨證說(卷18)에서는 바늘 수요를 중국의 교역품으로 충당하던 당시의 세태를 한탄하면서, 『천공개물』天工開物, 『물리소식』物理小識 등을 참고하여 바늘 제작법을 제시하였다. 「방차변증설」紡車辨證說(卷17)에서는 우리나라 방차의 비효율성을 극복하기 위한 방안으로 중국의 방차를 받아들여 사용할 것을 제안하였다. 「직구변증설」織具辨證說(卷19)은 옷감을 생산하는 길쌈 도구의 명칭과 모양을 일목요연하게 설명한 것이다.

상례(喪禮) 복식에 대한 변증

이규경은 당시 어떤 의례보다 중시된 상례에 대해서도 다루었는데, 문헌 해석을 통해 관최冠衰, 질대絰帶, 괄발면좌括髮免髽 등의 원류를 밝히는 데 중점을 두는 고증 방법을 취하였다. 의례의 권위는 옛 원형에 충실할 때 성립되는 것이므로 현실을 반영하기보다 원전을 옳게 해석하여 적용하려는 노력을 기울였던 것이다.

「관최변증설」冠衰辨證說(卷8)에서는 청나라 때 대진戴震이 경사經史를 연구하고 예설禮說을 논한 『대씨유서』戴氏遺書를 바탕으로 관冠과 최복衰服에 대해 변증하였다. 사자死者와의 관계에 따라 입는 상복의 종류와 옷감의 거친 정도, 상복을 구성하는 각 개체의 명칭과 특징 등을 밝혔다.

「질대변증설」絰帶辨證說(卷30)에서는 『대씨유서』의 내용을 정리하여 소개하면서 우리나라의 예설과 맞추어볼 것을 권하였고, 「괄발면좌변

---

9) 丁若鏞, 『與猶堂全書』 卷1, 「茯菴李基讓墓地銘」 附見, 「聞話」.
10) 김인숙, 「심의고」(이화여대 석사 학위 논문, 1974).
11) 정혜경, 「심의에 관한 연구」(부산대 박사 학위 논문, 1990).
12) 김정자, 「심의 제도의 의의 고찰─유교 경전을 중심으로」, 『복식』 제16호(한국복식학회, 1991) 125~131쪽.

증설」括髮免髽辨證說(卷53)에서는 상복을 입는 자가 갖추어야 할 머리모양에 대해 변증하였다.

복식 부속품, 염료에 대한 변증

「이당변증설」耳璫辨證說(卷10)은 귀걸이에 대해 변증한 것이다. 이규경은 이 글에서, 사대부의 부녀는 귀에 거는 귀걸이를 하는 데 비해 여염집 여인이나 천녀는 귀를 뚫어서 귀걸이를 하기 때문에 명나라 사신에게 조롱을 당한다며 안타까워하였다. 또 귀를 뚫고 귀걸이를 하는 풍습은 고려시대에 몽고를 통해 들어왔는데, 선조 때 이후 남자들에게서는 이 풍습이 사라졌다고 설명하였다.

「목극변증설」木屐辨證說(卷22)은 나막신에 대한 변증이다. 나막신은 진晉나라에서 유래하였는데, 우리나라에서는 임란 전에 상하가 널리 착용했다고 설명하였다. 특히 통영에서 만들어진 것을 귀하게 여겼고, 탐라제는 해동海桐으로 만든 것을 최고로 쳤다. 그런데 이규경은, 예부터 우리나라에서는 상하가 백의를 입었으나 임란 전에 백의를 금하고 청의를 착용토록 함으로써 청의에 나막신을 신는 상황이 되어 임진년에 왜구가 쳐들어올 징조가 되었다는 설명을 덧붙였다. 무엇에 근거하여 그런 해석을 내렸는지 알 수 없지만, 복식과 사회상이 밀접한 관계에 있음을 간파한 대목으로 이해할 수 있다.

「금자은청패옥인수변증설」金紫銀靑佩玉印綬辨證說(卷35)에서는 관위官位를 드러내는 예복의 부속품들, 즉 인장의 끈, 어대魚袋, 패옥佩玉, 패대佩袋, 수綬, 필市, 아패牙牌 등을 다루었다.

「제대홍연지변증설」製大紅臙脂辨證說(卷22)에서는 붉은빛을 내는 물감인 홍람과 홍화를 다루는 법과 홍람에서 추출하는 연지의 제조법을 소개하였다. 중국에서는 절강성의 금화金華 연지를 최고로 치고 우리나라

에서는 경기도 안성의 금광金光 연지가 유명하다는 사실과, 비원秘苑에
서도 마른 연지를 제조한 사실 등을 밝혔다.

「종자염자변증설」種芘染紫辨證說(卷22)에서는 우리나라의 자색 염료
인 자초를 소개하였고, 「중원만한녀용식변증설」中原滿漢女容飾辨證說(卷
54)에서는 중원의 한족漢族과 만주족 여인의 매무새를 머리끝에서부터
발끝까지 간략하게 설명하였다.

19세기의 의생활 풍속

조선시대에는 "여자가 남자에 뒤지지 않게 부지런하여 우리나라에
서 산출되는 명주, 베, 모시, 무명 등의 옷감 중 여인의 손을 거치지 않
고 된 것은 하나도 없다"[13]고 할 만큼 부녀자들이 필요한 옷감을 직접
생산했을 뿐 아니라 의복 제작까지 담당하였다. 고대부터 마직물, 견직
물, 모직물을 생산하고 애용하였으나 조선시대에는 무엇보다 면직물의
역할이 컸다. 또한 우리가 흔히 알고 있는 것들 외에 섬유질을 함유한
모든 재료, 이를테면 나무줄기, 말총, 종이까지도 옷감으로 사용되었다.

소재의 수급

앞에서 살펴본 것처럼 이규경은 「연마변증설」, 「산야잠변증설」, 「목
면초면변증설」, 「초포변증설」, 「포백금단변증설」, 「수피금모변증설」 등
을 통해 다양한 옷감의 특성과 생산법을 소개하였다. 그의 변증에 따르
면 중국의 주된 옷감은 견사·목면·삼〔葈, 麻, 苘〕·칡이고 모직물은 서북

---

13) 이능화, 『조선여속고』(동양서원, 1927) 368쪽.

민족에게서 도입해 사용했는데, 우리나라도 중국과 다르지 않으나 우리나라에는 목면 종자가 없고 삼(蔴)과 칡의 제직법을 모르기 때문에 목면·삼·갈포葛布가 없다고 하였다. 그러나 이 견해가 꼭 옳은 것은 아니다. 고대 우리나라에서도 모직물을 생산하였다. 다만 원사의 공급이 부족해져 수입해온 까닭에 모직물이 서북 민족에게서 도입된 것이라는 생각을 가졌던 것으로 보인다. 또한 『한원』翰苑 「고려기」高麗記의 "其人…… 造白疊布"(그 사람들이 …… 백첩포를 만들었다)라는 기록을 보면, 문익점이 목화씨를 들여오기 전에 이미 고구려 사람들이 면직물인 백첩포를 제직하였음을 알 수 있다. 갈포는 최근까지도 구미 금오산 지역에서 짜입었던 사실을 확인할 수 있다.

1. 면직물[14)

조선시대는 '목면 문화 시기'라고 부를 수 있을 만큼 면직물의 비중이 컸다. 좋은 피복 재료일 뿐 아니라 화폐로, 국가의 재원으로, 그리고 일본과의 무역에서 지불수단으로 이용될 만큼 생활 문화 전반에 걸쳐 큰 비중을 차지했던 것이다.

목화는 본래 고온 다습한 지역에서 자라는 특성 때문에 중국에서도 극히 제한된 지역에서 재배되다가, 13세기에 이르러서야 강남의 송강부松江府를 중심으로 재배되기 시작하였다. 이규경은 "신라, 백제시대에 일본의 목화씨가 우리나라에 종종 흘러왔을 것이지만 씨앗에 관심을 둔 자가 없다가 600여 년이 흐르고 나서야 문익점이 목화씨를 들여와 퍼지게 되었다"고 말하고 있다. 고구려 사람들이 이미 면직물인 백첩포를 생산한 것으로 보이지만, 그 원료의 공급 경위에 대해서는 알려진 바가 없다. 일본의 경우 781년 항무천황恒武天皇 때 표류한 인도인이 소지한 종자를 파종하였으나 1년 사이에 멸절되었고 1541년에 포르투갈인이 종자를 가져왔으나 수년 후 멸절되었으며, 그 후 우리나라로부터 종자와 면직물이 반입된 것으로 알려져 있다.[15]

문익점이 원나라에서 초면草綿인 목화씨를 들여온 뒤 재배에 성공하여 하얀 꽃을 피운 해가 공민왕 14년(1365)이었다.[16] 그 뒤 조선 세종 때 북방 면업 확장 정책을 적극적으로 추진하면서 면직물은 마포麻布를 대신하여 지배적인 유통수단으로 부상하였다.

목화에는 초면과 목면이 있다. 목면은 반지화斑枝花라고도 불리는데, 『본초강목』本草綱目에서는 "섬서陝西, 광주廣州 지방에는 아름드리가 되는 큰 목면나무가 있는데, 가을이면 분홍 꽃이 피고 열매는 커서 주먹 같으며, 열매 속에 솜이 있고 솜 속에는 씨가 있다"고 하였다. 이익은 『성호사설』에서 "목화나무가 애당초 초면, 목면 두 종류가 있었던 것이 아니라 남쪽 지방은 기후가 따뜻하여 겨울을 지나도 죽지 않으므로 큰 나무가 되었으나 그것이 중국으로 옮겨와서 초면으로 변하였다"고 하였다. 여기에 대해 이규경은 "초면을 분재하여 온실에다 두고 얼어서 죽지 않도록 힘들여 손질하면 3년이 지난 후에는 완전한 나무로 자라는데, 꽃과 열매도 보통 것과는 현저히 다르다. 이익의 말이 전혀 근거 없는 것은 아니지만 목면은 꽃이 붉고, 초면은 꽃이 노랗게 피므로 같은

---

14) 이하 설명은 『五洲衍文長箋散稿』 卷16, 「木棉草綿辨證說」을 참조하였다.

15) 민길자, 「면직물 제작 연대에 대한 고찰」, 『문익점과 무명문화』(국립민속박물관, 1991) 110쪽.

16) 『五洲衍文長箋散稿』에는 공민왕 16년에 전래되어 공민왕 17년에 번성했다고 기록되어 있으나, 공식 기록인 『太祖實錄』에는 목화씨가 공민왕 12년(1363)에 전래되어 그 이듬해 재배된 것으로 나타나 있다. 반면 문익점의 가문 기록인 「三憂堂實記」 등에는 그보다 3년 뒤인 1366년과 1367년으로 기록되어 있다. 당시의 정황을 분석해보면, 공민왕 13년(1364)에 전래되어 14년(1365)에 재배되었음을 알 수 있다. 자세한 내용은 박성식, 「麗末鮮初의 목면업에 대하여」, 『대구사학』 제17집(대구사학회, 1979)를 참조할 것.

종류로도 볼 수 없다"는 의견을 제시하였다.

목화씨가 전래된 지 3년째 되던 해에 목화의 씨를 빼는 씨아와 실을 만드는 물레가 제작되면서 마침내 옷감을 짤 수 있었다. 그것은 문익점의 장인 정천익의 집에 들른 원나라 중이 씨아와 물레를 만드는 법과 길쌈하는 과정을 가르쳐주었기 때문에 가능했다. 구전에는 문익점이 아들 둘을 두었는데, 맏이 '래'가 방차紡車를 만들었으므로 방차의 이름을 '문래'文來라 지었고, 둘째 '영'이 직기를 만들어 직조하는 법을 가르쳤으므로 면포綿布를 '문영'文瑛이라고 불러서 그들의 공로를 기린다고 하였다.

면포는 관북을 제외한 7도에서 생산되었다. 생산지별로 살펴보면 관서산은 가벼우나 약하고, 영호남산은 질기지만 곱지 않으며, 기호산 중에는 고양高陽과 송경松京산이 우수하고, 목화는 영남산이 으뜸이라는 평판이 있었다.17) 생활 속의 경험을 저술한 빙허각 이씨憑虛閣 李氏의 『규합총서』閨閤叢書에 의하면 "면화 네 근에서 씨를 빼면 한 근이 되며 씨 뺀 솜 여덟 냥이면 면포 한 필이 나온다. 또 좌우에서 실 각 열 톳을 두 얼레에 뽑아 늘여서 씨실로 만들어 두 개의 북으로 짜면 선초 무늬(紗文)를 얻을 수 있으며 무명 날실에 모시 씨실을 써서 짜면 봄가을에 마땅한 교직물을 얻게 되고, 무명을 백반 물에 여러 번 담가 다듬으면 불에 들어도 타지 않는다"18)고 하였다.

면직물의 종류에는 목면木棉, 면포綿布, 목木, 백목白木, 극세목極細木, 세목細木, 관목官木, 옥양목玉洋木, 서양목西洋木, 공양목貢洋木, 청목靑木, 남목藍木, 자목紫木, 홍목紅木, 초록목草綠木, 흑목黑木, 황목黃木, 아청목鴉靑木, 양목洋木, 광목廣木, 무명 등이 있었다. 당시 서양에서는 초면과 목면을 이용하여 곱고 넓은 옷감을 짰는데, 그 폭이 거의 두 자에 이르고 명주실로 짠 것과 똑같았다. 이것이 중국을 통해 우리나라에 들어오면서 서양목西洋木이라고 불렸고, 금문錦文으로 짠 것은 서양단西

洋緞이라고 하였다. 중국 광동에서도 서양단과 비슷한 옷감이 생산되었는데, 흔히 이것들을 통틀어 양목洋木이라 불렀다. 우리나라에서는 진주의 일반 가정에서 폭이 넓은 옷감을 짰는데, 그 질이 서양목과 같고 한 필 값이 60~70금金이나 되었지만 1년에 몇 필밖에 짤 수 없어 좋은 벌이가 되지는 못했다고 한다. 그러다 19세기 후반에 들어서면서 이전과 달리 수직手織이 아니라 기계직을 위한 원료로 면화를 재배하였으며, 특히 일본에서 들여온 육지면陸地綿을 종자로 삼았다.[19]

2. 마직물[20]

함경도 육진六鎭은 마향麻鄕이라 불릴 만큼 극세포로 유명하였다. 특히 종성의 세포는 60~70척 한 단端을 손에 쥐어도 넘치지 않고 작은 죽통에 넣어도 될 만큼 가늘어 통포筒布라고 불렸고, 여자들의 식기인 바리에 서너 겹을 감아 넣을 수 있다고 해서 발포鉢布라고도 불렸다. 최고 기술을 가진 여공도 1년에 두 필 이상 짜지 못하였으므로 한 필 값이 만전萬錢에 이르기도 하였다.

발포를 만들기 위해서는 세마 중에서도 길고 마디가 없는 것을 취하여 발을 엮은 후 지붕이나 시렁 위에 두고 한 달가량 햇빛과 이슬을 쏘인다. 그 후 깨끗한 곳에 펼쳐놓고 도리깨질을 하면 머리카락처럼 부드럽고 가늘게 되는데, 그중에서 가장 가늘고 정밀한 것을 실로 만든다. 그런 다음 다시 말리고 증기에 쏘이는 세탁을 하여 담황색의 맑고 깨끗한 실을 얻은 후에야 비로소 직기에 건다.

17) 빙허각 이씨, 『규합총서』 권지이, 「목화」.
18) 빙허각 이씨, 『규합총서』 권지이, 「직조」.
19) 권태억, 『한국 근대면업사 연구』(일조각, 1989) 40~49쪽.
20) 이하 설명은 『五洲衍文長箋散稿』 卷9, 「練麻辨證說」을 참조하였다.

발포가 아닌 다른 극세포를 제작하는 데도 공이 많이 들기는 마찬가지였다. 베어놓은 마를 물에 담갔다가 외피를 제거하지 않은 채 솥 위에 올려 증기를 쐬면 외피가 저절로 떨어져 나가는데 이렇게 된 마를 숙마라고 한다. 숙마로 실을 만들어 맑은 물에 빨면 다시 마디가 떨어져 나간다. 미리 만들어놓은 부뚜막 위에 물 채운 큰솥 2개를 걸고 솥 위에 묶어놓은 마를 얹는다. 이때 마 위를 풀로 두껍게 덮어 바람이 통하지 못하도록 하고 부뚜막 사방에도 담을 친다. 3일 동안 불을 때서 솥의 물이 마르기를 기다렸다가 다시 물을 채운 뒤 솥 위에 얹어놓은 마의 위치를 바꾸어서 익힌다. 이같이 하기를 열흘쯤 하여 마가 균일하게 익으면 맑은 물에 수일 동안 담가 떨어져 나갈 것들을 빼낸다. 바람에 말린 후 다시 물에 담가 습기를 머금게 한다. 한 가닥씩 목판 위에 놓고 거친 외피를 깎은 다음 아주 고운 것은 날실로 쓴다. 물레로 자은 실에 잿물을 칠한 뒤 사방을 막은 부뚜막 위 굴뚝에 얹어서 말린 다음 잿물을 씻어내고 옷가지나 이불을 푹 덮어 아궁이에 얹어 쪄낸다. 그 후 맑은 물에 씻기를 4~5차례 반복하면 비로소 명정한 담황색이 된다. 낮에는 해와 바람에 말리고 밤에는 이슬에 적시기를 수십 일을 하면 아주 아름다워진다. 직기에 건 날실은 흰 대두大豆에 흰 조[粟]를 약간 넣어 즙을 낸 것으로 풀을 먹인다. 직기는 움집에 두고 직기 아래에는 젖은 풀을 쌓아서 그 습기로 인해 날실이 항상 촉촉한 상태가 되도록 하여 옷감을 짠다. 이처럼 복잡하고 힘든 과정을 거치기 때문에 하루에 불과 4~5자 즉 200cm 정도밖에 짜지 못하였다고 한다.

이처럼 우리나라에서는 마를 먼저 쪄낸 후에 세탁하는 증석법을 이용했는데, 세탁한 후에 정련하고 삶는 중국 방식보다 발달된 방법이어서 좋은 옷감을 얻어낼 수 있었다.

빙허각 이씨는 옷감을 짜는 데 필요한 실의 양을 다음과 같이 설명하였다. "날실 80올을 한 새(升)라고 하는데 마흔 자 베를 짜려면 날실 네 가닥 열 자를 네 번 걸어서 길이를 맞추고, 한 새를 지으면 팔십 루가 되며, 꾸리가 크면 석 자, 적은 것은 두 자 반쯤 짤 수 있으므로 이것으로 짐작하여 필요한 양을 예측하라."[21] 모시는 열 새 이상이 되면 세모시(細苧麻布)에 속하는데, 올이 머리카락만큼 가는 열다섯 새 모시는 최고 기술자만이 짤 수 있었다.

『규합총서』를 살펴보면 무명과 모시의 교직품이 봄철 의복의 소재로 사용되었음을 알 수 있는데, "날실로 쓸 태모시를 물에 적신 뒤 머리털같이 갈라서 실 삼듯이 하되, 너무 비벼 피게 하지 말고 단단하게 잇기만 하여 엉키지 않도록 광주리에 빙 둘러서 포개어 감고, 축축한 고운 흙을 직기 아래에 덮어놓고 열다섯 새 무명실을 날실로 걸고 북 둘에 무명과 모시를 감아 문사文紗를 짜내듯이 하면 당춘포보다 훨씬 낫다"[22]고 하였다.

한편 백저포에 대한 기록은 남아 있는 것이 거의 없다. 저포는 산지가 협소하여 공급이 부족했을 뿐 아니라 대외무역의 주요 품목이었기 때문에 과중한 징수를 당했으며, 상인들 또한 밀수출을 일삼았기 때문에 대중에게 널리 퍼지지 못했다.

3. 견직물

원사의 품질이 불량하고 직법이 발달하지 못해 고급 견직물은 수입에 의존하였다. 사치를 금하고 검약을 강조하는 분위기 속에서 제직 기술은 날로 쇠퇴할 수밖에 없었고, 그에 따라 고급 직물에 대한 수요는

---

21) 빙허각 이씨, 『규합총서』 권지이, 「직조」.
22) 上同.

수입에 의존하는 악순환에서 벗어나지 못했던 것이다.

　국내에서 제작된 최고의 견직물에는 향직鄕織이 있었는데, 수입품 대신 향직으로 왕비의 법복인 적의를 제작하기도 하였다. 지역별로는 평안도, 경상도, 전라도의 명주를 알아주었고, 전라도의 후주厚紬, 황해도의 명주도 유명하였다. 특히 전라도 강진은 영초英綃 생산지로 이름이 높았으며, 평안도 영변과 성천의 합사주合絲紬 또한 명성이 자자하였다.

　『규합총서』에는 "열다섯 새로 뽑아낸 실을 큰 채에 걸어 타래를 만들되 틈을 주어야 실뭉당이의 끝을 찾기가 쉽다. 보자기 같은 데 넣고 위를 시쳐 누벼서 표백한 후 실 꾸리를 걸어서 깁 짜는 장인에게 주어 깁실과 깁 바디로 아롱주를 짜면 윤이 자르르 흘러 성천 것보다 열 배 낫다"[23]는 기록이 보인다. 이를 통해 실은 집에서 준비하되 제직은 장인의 손을 빌렸던 사실을 알 수 있다.

4. 수피금모(獸皮禽毛)[24]

　모직물과 가죽류는 다른 옷감에 비해 상대적으로 덜 알려져 있지만, 겨울이 길고 추운 한반도의 기후 특성상 적지 않게 사용되었다. 모직물은 고대부터 애용되어 왔으나 조선시대에는 의복의 소재보다 깔개로 많이 사용되었고, 방한을 위한 의복에는 모피가 주로 활용되었다. 겨울 저고리와 포, 방한모, 토시에 짐승 털, 새털 등을 대어 따뜻하게 하는 동시에 사치를 부리는 대상으로 삼았다. 이규경에 따르면 우리나라에서는 호랑이·표범·여우·오소리·이리·쥐·수달·영양·가지可之·물개·너구리·고양이·승냥이·곰·노루 등이 나고 가죽의 질도 좋았으나, 생산품 모두가 중국으로 수출되는 바람에 국내 수요를 충당하지 못하였다. 그래서 거꾸로 중국의 담비·오소리·염소·쥐, 그리고 왜의 수달을 찾

는 현상이 생겼다.[25)]

모피 옷에는 털이 안에 든 것과 밖으로 드러나는 것 두 종류가 있는데, 보온이나 기능 면에서 우열을 가리기는 어렵다. 다만 중국에서는 초구貂裘를 입을 때 그 털이 겉으로 나오게 입는데, 그렇게 하면 바람이 불어도 몸이 따스하고 물에 들어가도 젖지 않으며 눈이 떨어져도 바로 녹아버릴 뿐 아니라 티끌이 눈에 들어갔을 때 소매로 닦으면 티가 금방 묻어 나온다.[26)] 서역에서는 취복毳服의 깃과 소매에 수달피를 붙여 때가 타지 않게 하고 먼지가 눈에 들어갔을 때 쉽게 닦을 수 있도록 하였다.

우리나라에서도 짐승의 털을 이용해 갖옷 소매에 선을 두르거나 옷뒷자락과 모선毛扇 자루를 장식했는데, 중국과 달리 털을 옷 안에 대어입었다. 중국산 담비 가죽으로 만든 휘항, 토시, 갖옷 등을 귀하게 여겼고, 서리를 맞은 듯이 희끗희끗 흑백이 섞인 오소리 가죽은 습기를 막아주므로 요[褥]를 만드는 데 쓰였다. 제주산 반록피斑鹿皮로는 가마 휘장을 만들었고, 망아지 가죽은 담비 가죽처럼 보이면서 따뜻하기 때문에갖옷, 이불, 요 등을 만드는 데 썼다. 북관에서는 검은 개 가죽을 골라갖옷을 만들었는데, 따뜻하고 부드러워서 귀인들도 스스럼없이 입고 다녔다. 또 귀한 벼슬아치들은 양피羊皮를 입지 않았으나 가난한 선비들은추위를 막기 위해 부득이 입었다고 한다.[27)]

---

23) 빙허각 이씨, 『규합총서』 권지이, 「직조」.
24) 이하 설명은 『五洲衍文長箋散稿』 卷22, 「獸皮禽毛辨證說」과 卷25, 「裘毛向外辨證說」을 참조하였다.
25) 『五洲衍文長箋散稿』 卷22, 「獸皮禽毛辨證說」.
26) 『五洲衍文長箋散稿』 卷25, 「裘毛向外辨證說」.
27) 『五洲衍文長箋散稿』 卷22, 「獸皮禽毛辨證說」.

5. 기타 직물[28]

외국 특산물에는 새, 물고기 등 동물에게서 원사를 얻는 다양한 직물이 있었다. 우단羽緞과 모계毛罽는 서북 민족의 생산품이고, 융전絨氈은 외번外蕃 원양遠洋산이며, 삼사포三梭布라고도 불린 갈포褐布는 목면에 모를 교직한 것으로 몽고산을 최상품으로 쳤다. 봉황의 가죽으로 만든다는 봉황구鳳凰裘는 중국 광서성에서 많이 생산되었다. 거위 털로 만든 천아융天鵝絨, 기러기 털로 만든 홍안모鴻雁毛, 비취구翡翠裘·어구魚狗·송조松鳥 등으로 불린 태국의 취오피翠烏皮 등은 모두 새털을 이용한 의복 소재이다. 어피魚皮를 사용하여 문수紋繡 같은 효과를 내는 데는 어달魚韃이 많이 쓰이며, 흑룡강에 사는 작은 메기인 외鮠와 메기인 점鮎의 껍질로 옷을 만들면 부드럽고 질기다고 하였다.

파초포芭蕉布는 유구琉球의 특산물이고, 일명 쇄포曬布라고도 하는 맹포蒟布는 왜倭의 산물로 가늘고 질기기가 비단 같고 새하얗다. 등나무 껍질로 직조하는 등포藤布는 왜의 오주奧州에서 나는데, 구겨졌을 때 물을 뿜으면 새것같이 된다. 죽포竹布는 필리핀 부근 소록국蘇祿國의 공물이다.

백월白越은 부들 종류로 만든 옷감이고, 단피목피椴皮木皮는 자작나무 껍질로 만든 것이다. 삼〔麻〕과 다르면서도 비슷한 극파사초克頗斯草는 열매가 누에고치 같고 그 속에 실이 감겨 있는데 그 실로 직조한다. 마사포麻絲布라 불리기도 하는 하포夏布는 십질목十叱木 껍질로 짠 것인데, 세마포나 세모시보다 더 곱고 황저포와 비슷하다. 연뿌리로 짠 우사藕紗를 이용해 땀받이 옷을 만들면 땀이 옷에 배지 않는다고 한다.

우리나라 직물 중 목부용포木芙蓉布는 목부용木芙蓉 껍질로 짠 옷감으로, 시원하고 땀이 잘 스미지 않는다. 지포紙布는 백지를 가늘게 자른 뒤 실처럼 꼬아 직조하는데 3~4새 되는 베와 비슷하며, 한 필을 제직하는 데 종이 240장이 소요되었다. 이것은 주로 시골 사람들이 흉년이 들어 무명이 귀할 때 죽은 사람에게 입히기 위해 만들었다고 한다. 우리 나라 특산물인 말총으로는 관건이나 수굴을 만들었다. 말총으로 만든 종의鬃衣는 우리나라뿐 아니라 명나라에서도 유행하였으며, 그로 인해 제주도 말의 꼬리와 갈기가 남아나지 않게 되자 성종은 수차례 종의 금 령을 내렸다. 그 후 종의는 사라지게 되었으나 관모의 소재로는 말총이 계속 사용되었다.

그 밖의 수입품으로는 하란융, 치아융, 필지단, 대치라융, 중치라융, 직금대융담, 오우단, 신기필기단, 중필기단, 직금화단, 백색잡양주, 연 포, 문채홍직포, 백모이포, 서양포, 백왜단, 필지사, 오색대화단, 대자색 금단, 홍은단, 오색융담, 오색모담, 오색화포, 서양백유포, 소백포, 대백 포, 유화포, 직금두백유포, 활홍포, 대홍우단, 금사단, 금은사단, 금화 단, 양단, 대홍치라니묘금화포, 백유양포 등이 있었다.

의복의 수급

「복식재량변증설」과 「의복재봉변증설」을 참고하면 이규경 당시의 의생활상을 조망할 수 있을 뿐 아니라 의복의 전반적인 제작 과정 즉 옷 감의 손질법, 재단법, 구성법 등도 파악할 수 있다. 또 의생활 용어가 한 자와 속칭으로 표기되어 있어 우리말 의생활 용어를 살피는 데도 큰 도 움이 된다. 다음은 「의복재봉변증설」에 나타난 의생활 용어를 정리하여 표로 만든 것이다.

---

28) 이하 설명은 『五洲衍文長箋散稿』 卷45, 「布帛錦緞辨證說」을 참조하였다.

의생활 용어

한자 어휘	한글 어휘	한자 어휘	한글 어휘	한자 어휘	한글 어휘
衿	깃 마루	襟	깃 좌우로 비스듬히 넘어옴	㡒	깃 끝〔衿端〕
衵	옷섶	緆	동정	袪	소맷부리
標	끝동	袂	소매배알(소매통)	楕	직배래
衵肩	깃 바대	褙	등솔	袚	진동
袼	동아래	裔	옷기슭(옷자락)	裭	옷자락 폭
褶	주름	積	주름 사이로 줄이 선 것	板褶	큰 주름
襠	바지 자락에 달린 무	袴	당(襠)을 붙인 바지	犢鼻褌	짧은 바지
褻	평상복	袒, 經布	여인의 속곳	𣄢, 短衫	저고리
赤衫	홑저고리	禪	안감이 없는 홑옷	袷	솜을 넣지 않은 옷
袦	누비옷	襂褲	사마치29) 또는 비옷	帽, 帽衣, 褶衣30)	장옷
祝	규의(袿衣)31)의 꾸밈새	繋	띠	襸	띠의 매듭
褔	아이 턱에 받치는 네모 꼴 턱받이. 위연(幃涎)	皮馬虎	볼끼	男裙	사마치 혹은 공상(公裳)
裼子	아기 옷	襻, 攀	옷고름	繻	댕기
衾	이불	裯	홑이불	黻	해진 옷
裰	해진 옷을 기움	綻	옷 솔기가 터짐	袥	옷깃을 풀어헤침 또는 벌려서 크게 함
褧	등솔	袺	옷섶을 여밈	褐被	옷을 입고 띠를 띠지 않음
襗	때 묻은 옷	綿面	걷어 올림	仝心結	띠나 끈을 맞잡아 맴
合歡絲	동심결 혹은 장상사와 같음	褚	옷을 치장함 또는 주머니, 솜 둔 옷, 쌓는다 등의 의미		
剞齊	도련함	繑邊	단을 접음	紉針	바늘에 실을 꿰
針札	바늘 끝	揹, 鞳, 頂針	골무	熨斗	숯을 일구어 옷을 다리는 다리미
鋼鏷, 火斗	다리미	礎, 砧	다듬잇돌	厖, 棤	홍두깨
擣衣杵	방망이	碪	비단을 펴는 돌	剆	가위
砑刀	인두	紇褡	실매듭	方勝兒	매듭
流蘇	용봉 매듭	扣紐	단추	長相思	사뜨기

복식 관련 용어 / 바느질 관련 용어

이규경은 「복식재량변증설」에서 옷에 따라 필요한 옷감의 양을 제안하였으나, 그 기준이 되는 바느질자 즉 포백척布帛尺의 치수는 제시하지 않았다. 포백척의 변화를 살펴보면 순조 20년(1820)의 이정주척도釐正周尺度의 1척이 46.8cm, 광무 6년(1902)의 개척도改尺度는 48.48cm, 창덕궁 진열실에 보관되어 있는 조선 말의 호조척도戶曹尺度는 48.91cm 이며,[32] 일제 강점기에 상업용 포백척으로 사용하던 경척鯨尺은 1척이 37.88cm이다. 『오주연문장전산고』가 기술된 순조 이전부터 구한말까지의 포백척은 46.8cm를 1척으로 하는 이정주척도였으므로, 이를 기준으로 의복 제작에 관한 사항을 살펴보고자 한다.

옷감의 폭은 옷감의 종류에 따라 아주 다양하였다. 『탁지준절』度支準折에는 백면포白綿布, 백목白木, 세목細木, 하지목下地木, 지목地木 등 면직물의 폭이 7촌으로 기록되어 있고 그 기준이 되는 자가 실물 크기로 그려져 있는데, 이 자의 1척은 47cm이다. 이 자를 기준으로 면직물의 폭을 환산하면 약 32.9cm가 된다. 견직물의 폭도 국내산, 수입산 등 종류에 따라 여러 가지였는데, 국내산으로 보이는 견직물의 폭은 면직물과 같이 대개 7촌, 즉 32.9cm였으며, 마직물의 폭도 이와 동일하였다.[33] 이연응李沇應(1818~1879) 묘에서 출토된 복식의 소재는 저포 심의 1점이 마직물인 것을 제외하면 모두 견직물이었는데, 그 가운데 평견직

---

29) 戎服을 입고 말을 탈 때 두 다리를 가리던 아랫도리옷.
30) 궁녀에서 서민에 이르기까지 여성들이 외출할 때 머리에서부터 뒤집어쓰는 홑옷으로, 길이는 키와 같게 만든다.
31) 劉熙는 『釋名』에서, "부인들 웃옷으로, 아래 드리워진 것이 위는 넓고 아래는 좁아서 마치 약 숟가락인 刀圭 같다"고 하였다.
32) 이은경, 「한국과 중국의 포백척에 관한 연구」(서울여대 박사 학위 논문, 1990) 82쪽.
33) 조효숙·이은진, 「『度支準折』에 기록된 조선 말기 평견직물에 관한 연구」, 『복식』 제53권 제5호(한국복식학회, 2003) 130~131쪽.

물의 폭은 33cm에서부터 41.5cm까지 다양하였고, 단류의 폭은 75cm, 95cm 등이었다.[34] 이처럼 『탁지준절』에 제시된 옷감 중 고급이 아닌 직물들의 폭은 대개 33cm 내외였다. 이규경이 「복식재량변증설」에서 제안한 옷감의 필요량 역시 상류층이 아니라 일반 계층의 보편적 의생활을 기준으로 한 것이므로, 여기에 제시된 옷감의 폭을 33cm로 가정해도 큰 무리는 없을 것이다.

1. 남자 의복

남자의 기본 의상은 대창의大氅衣, 도포道袍, 겨울철 상의인 동의冬衣, 저고리, 바지〔袴〕, 적삼赤杉, 홑바지〔單袴〕, 행전行纏, 버선〔襪〕, 투평套平, 한삼汗杉, 휘항揮項 등이다. 이연응의 묘에서는 이규경이 제시한 기본 의상인 대창의, 도포, 저고리, 바지, 한삼, 행전, 버선 외에 소창의, 중치막, 대금형 상의, 단령, 복건 등이 추가로 출토되었다.[35] 순조대에 이조판서를 지냈던 홍희준洪義俊(1761~1841)의 묘에서는 도포, 저고리, 바지, 한삼, 행전, 버선, 단령, 직령, 철릭, 심의, 소창의, 중치막, 복건 등이 나왔다.

실물 복식의 예로 출토물을 참고할 경우, 습의襲衣는 일반적인 의복과는 크기가 다르다는 사실에 주의해야 한다. 조선 전기에는 장례를 치를 때 습의를 따로 만들지 않고 대부분 평소에 착용하던 옷을 사용하였다. 하지만 후기에 들어오면서 새로 옷을 지어 입히는 경향이 나타나는데, 이때 습의는 실생활에서 입던 옷보다 크고 긴 특징을 보인다. 여기에 비해 관을 채우는 보공용 의복인 염의는 사자死者가 입던 옷이나 친지들이 부의한 옷이므로 당시의 의생활을 확인할 수 있는 좋은 자료가 된다.

의복의 제작 과정은 감어림, 재단, 봉제의 순으로 이루어지는데, 그

중 재단이 가장 중심적인 위치를 차지한다. 우리의 전통적인 재단 방식
은 넉넉한 시접을 두어 직선 또는 사선으로 재단한 뒤, 바느질을 통해
짓는 이의 의도에 따라 직선, 사선, 휜 선, 곡선으로 완성선을 만들어내
도록 한다. 이렇게 재단하는 까닭은 세탁할 때마다 바느질을 풀어 옷감
의 상태로 빨래한 뒤 다시 의복을 만드는 의복 관리법을 고려하여 옷을
재생하기 쉬운 상태로 만들기 위해서였다.

남자의 대창의를 만드는 데 필요한 옷감의 양은 28척이고, 도포는
33척, 동의는 겉감과 안감이 각 18척, 저고리는 겉감 13척과 안감 12
척, 바지는 겉감과 안감 각 14척, 적삼은 11척, 홑바지는 14척, 행전을
만드는 데는 2척이 소요된다. 또 버선을 만드는 데는 겉감과 안감을 합
하여 3척 5촌의 옷감이 들고, 투평은 겉감과 안감을 합해 2척 8촌, 한삼
은 3척 3촌, 휘항은 겉과 안을 합하여 4척의 옷감이 든다. 그 밖에 협수
주의夾袖周衣는 겉과 안을 합하여 40척의 옷감이 소요되고, 배자를 만드
는 데는 겉감과 안감을 합해 12척의 옷감이 필요하다. 겨울옷에 드는
솜은 4근이다.[36] 이규경은 이같이 옷감의 필요량을 제시하면서, 상민은
남녀 모두 옷을 짧게 입기 때문에 알맞게 어림하여 구별해야 한다고 말
하였다. 따라서 성별, 신분, 나이에 따라 의복의 크기에 차이가 있다는
전제가 따라야 할 것이다. 『규합총서』에서는 남자 핫바지의 솜은 12냥
이면 된다고 하였다.

저고리에 필요한 옷감의 양을 어림하기 위해 실물 저고리의 치수에

34) 조효숙, 「인평대군과 의원군 일가 출토 직물에 관한 연구」, 『전주 이씨 묘 출토 복식 조사
보고서』(경기도박물관, 2001) 191~193쪽.
35) 이은주, 「이연응 묘의 출토 복식에 대한 고찰」, 『전주 이씨 묘 출토 복식 조사 보고서』(경
기도박물관, 2001) 267~268쪽.
36) 『五洲衍文長箋散稿』卷37, 「服飾裁量辨證說」.

맞추어 재단도를 구성해보자. 홍희준 묘 출토 저고리의 겉감 필요량을 어림하면, 길이(68cm)×4＋진동(30cm)×2×3＋섶 길이(60cm)＋고름 길이(55cm)＋시접≒584cm≒12.5척으로 이규경이 제시한 13척과 별 차이가 없다. 안감의 소요량도 겉감에 준하여 예측할 수 있는데, 안고름은 끈처럼 작아지므로 소요량이 줄어 12척이면 재단할 수 있다. 배자는 소매가 없는 옷이므로 겉감과 안감을 합하여 약 12척이 소요된다. 저고리 안에 입는 적삼은 모든 치수가 저고리보다 작아지므로 11척 정도면 충분하다.

적삼과 한삼은 재단에 필요한 옷감의 양에서 큰 차이를 보인다. 조선 중기까지는 적삼이 겹옷이었으나 이후 점차 홑옷으로 정착되면서, 홑옷인 한삼이 '땀받이 옷'이라는 의미를 잃고 '소매 끝에 달린 천'을 일컫는 말로 변하였다.[37] 따라서 「복식재량변증설」에 제시된 한삼의 필요량 3척 3촌은 적삼 소매 끝에 달리는 옷감의 양으로 이해하면 될 것이다.

동의冬衣는 구체적으로 어떤 옷인지 분명하지 않다. 『사례편람』四禮便覽에서는 "포오袍襖는 솜이 있는 옷으로, 포袍, 장유長襦 등의 편복이다. 세속의 중치막이나 동의 등을 말하는 것"이라고 하였다. 조선 후기의 실학자 정약용은 『다산시문집』茶山詩文集에서 "서인庶人 복장으로 진사는 심의를 웃옷으로 삼고 거인擧人은 창의를 웃옷으로 삼으며, 이들을 제외한 나머지 사람들은 좁은 소매에 긴 저고리(夾袖長襦)를 웃옷으로 삼는 것이 좋겠다"고 제안하면서, 협수장유에 소창의 小氅衣라는 주석을 달아놓았다.[38] 이런 기록들을 참고하면 동의는 솜을 둔 소창의가 아닌가 추정된다. 동의에 필요한 옷감의 분량은 겉과 안을 합하여 36척으로, 저고리의 필요량인 25척보다는 많고 협수주의夾袖周衣에 필요한 40척보다는 적다.

동의가 소창의라는 가정 아래 옷감의 양을 어림할 만한 출토물로는 의원군義原君 묘에서 나온 중치막을 꼽을 수 있다. 이연응 묘와 홍희준 묘에서 출토된 소창의는 습의이기 때문에 적절치 않지만, 의원군 묘에서 나온 중치막은 염의이기 때문에 적합하다. 의원군의 생존 연대는 1661년~1772년으로『오주연문장전산고』의 서술 시기보다 앞서지만, 묘에서 출토된 중치막은 이규경 당시와 형태나 크기 면에서 차이를 보이지 않으므로 참고할 만하다. 다만 중치막은 소매통이 넓은 옷이기 때문에 감을 어림할 때 소매통을 진동의 크기와 같은 것으로 보았다. 의원군 묘 출토 중치막의 치수를 참고하여 계산해보면, 길이(113cm)×4＋진동(30.5cm)×2×3＋겉섶 길이(80cm)＋안섶을 겉섶과 어슷하게 놓았을 때 필요한 분량(45cm)＋깃 길이(100cm)＋시접≒890cm≒19척이 소요된다는 사실을 알 수 있다. 겉감과 안감을 합하면 38척인데, 이규경이 제시한 동의의 옷감 필요량 36척과는 2척의 차이가 있다. 그러나 의복의 길이를 얼마로 잡는가에 따라 감어림에 차이가 나기 때문에 그 정도의 오차는 생길 수 있다. 따라서 동의를 소창의로 이해해도 무방할 것이다.

소창의에 무를 덧붙이고 양옆을 막은 협수주의 즉 두루마기는 구한말 의복 개혁을 거치면서 유일하게 남아 현재까지 착용되고 있는 옷이다. 김숙당이『조선봉재전서』朝鮮裁縫全書에서 제시한 두루마기의 옷감 소요량[39]을 이규경 당시의 척도로 환산하면 23척 정도가 된다. 따라서

37) 박성실,「천안 출토 풍산 홍씨 유물 소고」,『한국복식』제12호(석주선기념 민속박물관, 1994) 126쪽.
38) 이은주,「이연응 묘의 출토 복식에 대한 고찰」,『전주 이씨 묘 출토 복식 조사 보고서』(경기도박물관, 2001) 273쪽에서 재인용.
39) 김숙당,『朝鮮裁縫全書』(活文社書店, 1925) 65쪽.

겉감과 안감을 합하면 약 46척의 옷감이 필요하다는 계산이 나온다. 김숙당이 책을 쓴 1925년 무렵은 옷이 그전보다 작고 좁은 경향을 보이던 때이므로 이규경 당시에는 그보다 더 많은 분량이 소요되었을 것이 틀림없다. 그런데 이규경은 겉과 안을 합하여 40척을 제시하고 있다. 이것은 저고리보다는 길지만 일반적인 포보다는 확연히 짧고 품과 진동이 좁은 포로서 협수주의의 소요량을 제시했기 때문으로 보인다.

이연응 묘에서 출토된 협수주의의 치수에 준하여 감을 어림하면, 길이(126cm)×4+진동(35.3cm)×2×3+무 길이(80cm)×2+겉섶 길이(90cm)+안섶을 겉섶과 어슷하게 놓았을 때 필요한 분량(45cm)+깃 길이(120cm)+시접≒1,163cm≒25척이 된다. 또 앞서 살펴본 소창의가 좁은 소매에 옆이 트인 긴 저고리 모양의 옷임을 감안하여 소창의의 옷감 필요량에 주의에 달릴 무의 분량을 더하면 협수주의의 필요량을 예측할 수 있는데, 그렇게 계산하면 겉감으로 약 23척이 소요되는 것으로 나온다. 이러한 결과로 보아 이규경이 말한 협수주의는 일반적인 두루마기가 아니라 116cm(무 길이 80cm+진동 35.3cm) 정도의 아주 좁고 짧은 포로 추정된다.

대창의는 두루마기와 유사하나 뒷길과 양옆이 트이고 주의보다 크고 넓은 특징을 보인다. 주의의 치수에 넓어진 소매통의 크기를 더하면 최소 필요량을 산출할 수 있다. 즉 길이(126cm)×4+소매통(56cm)×2×3+무 길이(80cm)×2+겉섶 길이(90cm)+안섶을 겉섶과 어슷하게 놓았을 때 필요한 분량(45cm)+깃 길이(120cm)+시접≒1,287cm≒28척이 소요된다. 도포를 만드는 데 드는 옷감의 양은 대창의의 필요량에 뒷길 속으로 들어갈 분량을 더해주면 되는데, 대략 33척이 조금 넘는 분량이 나온다.

바지는 홍희준 묘에서 출토된 습의의 치수를 참고하되 옷감의 폭을 감안하여 감어림하면, 마루폭(120cm)×2＋(큰사폭 120cm＋밑위길이 62cm)×2＋허리(33cm)＋시접≒667cm≒14척이 소요되는 것으로 계산된다. 따라서 홑으로 만들면 14척, 겹으로 하면 28척의 옷감이 든다.

투평은 길이와 통이 모두 30cm 내외이고 겹으로 양팔용을 만들므로, 길이(30cm)×2×2＋시접≒132≒2.8척의 옷감이 필요하다. 행전은 길이 30cm 내외, 통 40cm 내외로 홑겹으로 만든다. 통 40cm를 1폭에서 재단할 수 없으므로 한 짝을 만드는 데 1폭 반이 필요하며, 한 벌을 만드는 데는 3폭이 필요하다. 그러므로 길이(30cm)×3＋시접≒96cm≒2척이 소요된다. 버선은 길이가 40cm 내외이고 폭은 23.5cm 정도이므로, 길이(40cm)×4＋시접≒165cm≒3.5척의 옷감이 필요하다. 이규경은 휘항을 만드는 데 필요한 옷감이 4척이라고 하였는데, 옷감의 양을 통해 그 크기를 역으로 어림하면 대략 둘레 56cm, 길이 46.8cm 정도가 된다는 사실을 알 수 있다.

상의류의 실물 치수

상의류	길이	뒤품	앞품	화장	진동	소매길이	수구	겉섶 너비	안섶 너비	고대/2
현재 저고리	58	26		76	26	50	21	11.5	7.5	9
김숙당 저고리	53	22.7	26.5	75.7	22.7	53	19.7	15	12	8.7
홍희준 저고리 I	74		29	83	36	44	30	27	17	
홍희준 저고리 II	68		30	82	30	47.5	26	23	16	
홍희준 한삼	72		30	79+33	42	77	37	17	16	
홍희준 소창의	143		32	102	35.5	53	31	31.5	26	
의원군 중치막	113	29.5		113	30.5					
이연응 주의	126	30	24	82	35.3	45	30	32	22	9.5
이연응 대창의	129	34	24	98.5	33.8	64		36	30	9.5

(단위 cm)

바지의 실물 치수

바지	길이	허리둘레	허리 너비	부리
이연응 바지	167	100.5	22	45
홍희준 바지 I	120	132	18	40
홍희준 바지 II	134.5	152	18	39

(단위 cm)

복건의 실물 치수

복건	길이	둘레	끈 길이	끈 너비
이익정 복건	68.5	56	70.5	4.5
이연응 복건	80	73	65	5.5
홍희준 복건	71	56		

(단위 cm)

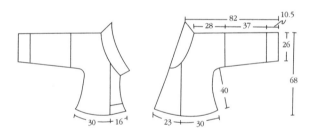

홍희준 묘 출토 저고리[40]

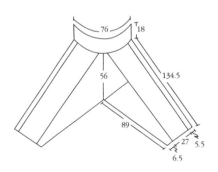

홍희준 묘 출토 바지[41]

(단위 cm)

110

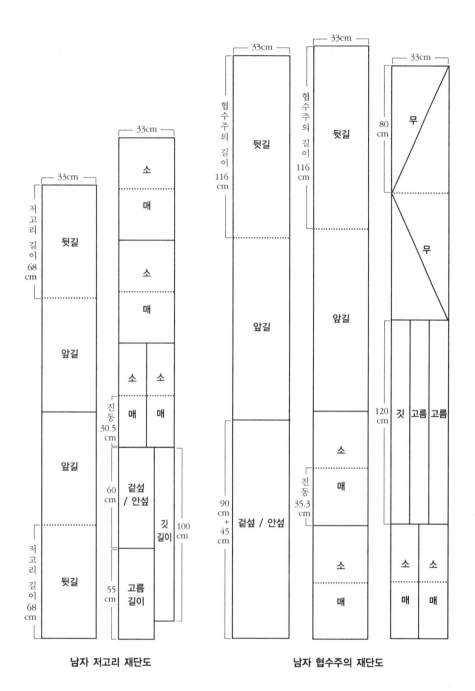

남자 저고리 재단도

남자 협수주의 재단도

실제 바느질을 해본 경험이 없는 이규경은 중국의 문헌인 『좌우편』左右編을 인용하여 의복 제작의 이치를 밝혔다. 관복을 만들 때, 처음으로 높은 직책을 맡은 사람은 기가 높고 뜻이 왕성하여 머리를 조금 쳐들고 다니므로 뒤가 짧고 앞이 길게 옷을 만들어야 한다. 그 자리에 있은 지 어느 정도 되었을 때는 뜻과 기가 평탄하지 못하므로 옷도 앞뒤를 같게 만들어야 하며, 그 자리에 오래 있어서 다른 곳으로 옮기고 싶을 때에는 마음이 움츠러들어 자연히 고개를 숙이게 되므로 앞이 짧고 뒤가 길게 만들어야 한다고 설명하였다.[42]

이규경이 「도포변증설」에서 도포의 기원을 중심으로 변증한 데 비해, 바느질 경험이 있는 빙허각 이씨는 『규합총서』에서 바느질의 이치를 중심으로 도포 제작상의 유의 사항을 제시하였다. 그는 "깃을 달 때 새가슴같이 가슴을 내민 사람은 순연하게 달고 여윈 사람은 옆을 매우 휘어야 앞이 씻은 듯하다. 안깃을 대여섯 푼만 더 길게 하여 머리를 숙여 꺾어 휘듯 달아야 안자락이 빠지지 않는다. 옆 도련은 뒷길보다 두 푼만 줄여야 입은 모양이 좋을 것이니, 그렇지 않으면 놓고 보기는 좋으나 입으면 두 편(앞길과 뒷길)이 틀린다. 뒷자락 도련은 귀를 많이 걸으면 무가 빠지니 올로 꺾다가 두 귀만 걸어라"라며 도포 제작 기법을 상세히 설명하였다. 이것은 비단 도포 제작에만 한정되는 것이 아니라 상의 특히 길이가 긴 포를 제작할 때 적용되는 원리이며, 지금도 변함이 없는 바느질 기법이다. 이씨는 또 겹쳐 입는 의복을 제작할 때 주의해야 할 사항을 설명하면서 "큰 옷과 속옷을 짝 맞출 때 차차 두 푼씩 늘려야 빠지지 않고 너무 들어가지도 않는다"라고 하였으며, 몸에 잘 맞는 옷을 제작하기 위해서는 연령에 따라 "열다섯 살 이전은 앞을 뒤보다 길게 하고 예순 이후는 뒤를 앞보다 길게" 해야 한다고 말하였다.[43]

2. 여자 의복

여자의 기본 의상은 저고리, 홑저고리[單衫], 바지[袴], 홑바지[單袴], 너른 홑바지[廣單袴], 치마[裳], 무죽상無竹裳, 허리띠[腰帶], 버선[襪] 등이다. 각각의 옷을 만드는 데는 저고리에 겉감 5척·안감 4척, 홑저고리에 4척, 바지에 겉감과 안감을 합해 30척, 홑바지에 13척, 너른 홑바지에는 17척, 치마에 23척, 무죽상에 9척, 허리띠 즉 가슴싸개에는 겉감·안감을 합해 3척 6촌, 버선에 겉감·안감을 합하여 3척의 옷감이 필요하다. 겨울옷에 드는 솜은 2근이다.[44]

허리띠는 당시 유행하던 짧고 작은 저고리를 입을 때 겨드랑이 아래에 둘러서 가슴과 겨드랑이 살이 드러나지 않도록 하던 것이다. 가슴을 가리는 것이므로 엄밀하게는 가슴 띠라고 부르는 것이 옳겠지만, 치마 말기가 본래 허리 부근에 있었기 때문에 말기의 위치가 가슴으로 변하였어도 습관적으로 허리띠라고 불렀다. 무죽상은 예복을 갖추어 입을 때 착용하는 것으로 알려져 있으나, 이규경이 기본 의상으로 제시한 것을 보면 옷의 맵시를 내기 위해 항상 갖추어 입었던 것으로 파악된다. 반면 여자들이 외출할 때 내외용 쓰개로 걸치던 장옷이나 쓰개치마는 기본 의상으로 제시되지 않았다.

비슷한 연대의 출토 유물로는 예산 파평 윤씨(1735~1754) 묘 출토물, 하남 안동 권씨(1664~1722) 묘 출토물, 완산 최씨(1650~1732) 묘 출토물

---

40) 박성실, 「천안 출토 풍산 홍씨 유물 소고」, 『한국복식』 제12호(석주선기념 민속박물관, 1994) 135쪽.
41) 박성실, 위의 책 136쪽.
42) 『五洲衍文長箋散稿』 卷37, 「衣服裁縫辨證說」.
43) 빙허각 이씨, 『규합총서』 권지이, 「도포」.
44) 『五洲衍文長箋散稿』 卷37, 「服飾裁量辨證說」.

등이 있는데, 파평 윤씨의 생존 연대가 『오주연문장전산고』의 저작 시기와 가장 가까워 좋은 참고 자료가 된다. 파평 윤씨 묘 출토물 중에는 허리띠가 여러 개 있는데, 평균 길이는 81cm이고 폭은 25.5cm이다. 이 것을 감어림하면 겉과 안을 합해 약 3.6척의 옷감이 소요된 것을 알 수 있는데, 이것은 「복식재량변증설」에서 제시한 양과 같다. 버선은 길이 가 28cm 내외이고 발 길이가 24cm 내외이므로 겉과 안을 합하여 2.5 척이 소요되는데, 이규경이 제시한 3척과는 5촌의 차이가 있다.

저고리는 입고 벗을 때 타질 만큼 아주 짧고 좁은 형태가 유행했기 때문에 옷감 소요량이 매우 적었다. 가장 안에 입는 속옷인 홑저고리의 경우 이규경이 제시한 소요량이 4척인데, 파평 윤씨 묘 출토물 중 가장 작은 저고리의 치수로 어림해보면 4척의 옷감이 소요된다. 이 저고리는 성인용이라 생각할 수 없을 만큼 작고 짧은데, 이로 미루어 보면 이규경 은 당시의 첨단 유행에 맞추어 옷감 소요량을 제시한 것으로 보인다. 겹 저고리는 홑저고리 위에 입으므로 치수가 약간 클 뿐 아니라 고름 등이 추가되므로 홑저고리에 필요한 4척에 1척을 더하였다.

치마 길이는 착용자의 키보다 저고리의 길이와 상관관계가 더 크기 때문에 파평 윤씨의 키를 알 수 없다 하더라도 치마 길이는 참고할 수 있다. 「복식재량변증설」에 제시된 필요량인 23척을 가지고 재단해보면 약 330cm, 즉 출토된 치마의 폭과 유사한 10폭의 홑치마가 나온다. 같 은 크기의 겹치마를 만들려면 2배의 옷감이 필요하다.

여자 바지에는 밑이 막히고 부리가 넓은 합당고인 속곳과 밑이 터지 고 부리가 좁은 개당고인 바지 두 가지가 있다. 밑이 터지고 부리가 넓 은 바지를 특별히 너른바지라고 부르는데, 이규경이 제시한 고袴, 광단 고廣單袴 등의 용어만 보아서는 개당고인지 합당고인지 알 수 없다. 파 평 윤씨 묘에서 출토된 개당고를 기준으로 살펴보면 개당고인 바지를 만드는 데는 약 13척의 옷감이 필요하고, 합당고인 단속곳에는 17척이 소요된다. 너른바지를 바지로 가정하면 대략 17척이 필요하다는 계산이 나온다. 그런데 홑바지 즉 단고單袴를 만드는 데 13척이 필요하다고 했으므로 이때의 단고는 개당고일 가능성이 크며, 겹바지인 고袴 역시 개당고로 추정된다.

치마의 입음새를 아름답게 하기 위해 입는 무죽상은 길이가 다리를 덮지 않는다 하여 무족상無足裳이라고도 불렀다. 무족오합無足五合이니 칠합七合이니 하는 짧고 좁은 흰 치마를 속에 입어 겉치마가 넓고 풍성하게 보이도록 만든다.[45] 5층 무지기를 기준으로 옷감의 양을 어림해보자. 제일 아래층의 길이를 치마 길이의 반으로 잡아 약 55cm로 보고, 그 길이를 오등분하여 각 층의 길이를 계산하면 제일 위층의 길이는 11cm, 둘째 층의 길이는 22cm, 셋째 층은 33cm, 넷째 층은 44cm가

파평 윤씨 묘 출토 저고리 치수[46]

저고리	길이	품	화장	진동	수구	겉섶너비	안섶너비	고대
저고리 I	31	35	71	17	11.5	10.5	6.1	13
저고리 II	27.5	34	71	15.3	12	10	5	13
저고리 III	29	35	69(71)	17.5	11	9.3	6.2	13
저고리 IV	26.5	38.5	65	15	12	9.3	7	14
저고리 V	29.5	35	72	18.5	12	10.5	6.2	14

* 저고리 IV는 누비솜 저고리, 저고리 V는 솜저고리임. (단위 cm)

파평 윤씨 묘 출토 치마 치수[47]

치마류	길이	폭(둘레)
겹치마 I	375	108
겹치마 II	352	106
겹치마 III	384	106
홑치마	336	113

(단위 cm)

45) 李德懋, 『靑莊館全書』, 『士小節』 婦儀一, 「服飾」.
46) 고부자, 「충남 예산 파평 윤씨 유물 연구」, 『한국복식』 제21호(석주선기념 민속박물관, 2003) 91~99쪽.
47) 고부자, 위의 책 107~110쪽.

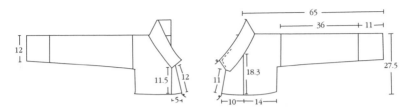

파평 윤씨 묘 출토 저고리[48]

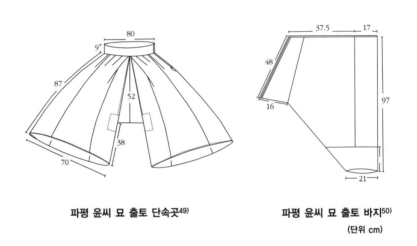

파평 윤씨 묘 출토 단속곳[49]

파평 윤씨 묘 출토 바지[50]

(단위 cm)

된다. 또 각 층의 치마 둘레는 겨우 가슴둘레에 미칠 만한 84cm가 된다. 따라서 9척의 옷감으로 제작이 가능한데, 이것은 이규경이 제시한 양과 일치한다.

3. 침구

침구는 남녀의 구별이 없다. 이불을 만드는 데는 겉감과 안감을 합해 56척의 옷감이 소요되고, 홑이불은 32척, 요는 화포花布 10척 5촌, 요의[褥衣]는 7척, 요소리[褥塑裡]는 20척, 요내의[褥內衣]는 7척 5촌이 소요되며, 베개에는 겉감과 안감을 합해 7척의 옷감이 든다. 이불솜은 보통 8근이 소요되지만 두께에 따라 차이가 있다. 처네 이불에는 겉과 안을 합해 40척의 옷감이 들고 솜은 4근이 소요된다.[51] 『규합총서』에서는 "이불감이 깃 아래로 3척 3촌(총 길이는 약 4척 5촌[52]≒210cm), 요는 길이 4척에 너비 1척 5촌, 처네는 거죽이 25척 들고, 솜 5근이면 아홉 줄이 되며 이불솜은 8근이면 여섯 폭이라도 부족하지 않다"[53]고 하였다.

김숙당은 『조선봉재전서』에서 "보편적인 이불 길이는 경척鯨尺(1척=37.88cm)을 기준으로 5척 5촌인데, 4척 5촌은 아랫동아리이고 1척은 깃이고 동정이 5촌이며, 옷감이 서양목이면 넓이가 두 폭이고 모시면 다섯 폭이다. 요는 무명으로 하되 넓이는 광목 1폭(2척 3촌, 87cm), 길이는 4척 5촌으로 한다. 이불솜은 15근 이상, 차렵이불은 4근 이상, 누비이불은 3근 이상을 두며, 요 솜은 4~5근을 둔다. 베개 중 남침男枕은 둥글고 여침女枕은 모가 졌는데, 길이 2척에 통 1척 6촌으로 한다. 베갯속으로는 겨나 메밀껍질을 쓰는데, 신랑과 신부의 베개에는 특별히 짚을 넣는다"[54]고 하였다.

이규경은 이불솜이 8근 소요된다고 하였고, 빙허각 이씨는 이불솜 8근이면 여섯 폭이라도 부족하지 않다고 하였으니 이불의 폭은 여섯 폭

48) 고부자, 「충남 예산 파평 윤씨 유물 연구」, 『한국복식』 제21호(석주선기념 민속박물관, 2003) 92쪽.
49) 고부자, 위의 책 100쪽.
50) 고부자, 위의 책 111쪽.
51) 『五洲衍文長箋散稿』卷37, 「服飾裁量辨證說」.
52) 김숙당이 제시한 이불깃 길이 1척 5촌을 빙허각 이씨 당시의 척도로 환산하면 약 1척 2촌이 된다.
53) 빙허각 이씨, 『규합총서』 권지이, 「핫이불솜」.
54) 김숙당, 『朝鮮裁縫全書』(活文社書店, 1925) 96쪽.

으로 잡으면 큰 무리가 없을 듯하다. 이불 길이를 4.5척으로 가정하면 한 면의 필요량이 27척이 되고, 길이의 오차와 두께를 고려하여 2척 정도를 더하면 이규경이 제시한 것과 같은 56척의 옷감이 소요된다. 그러나 이는 솜싸개에 필요한 양일 뿐이다. 이불 깃과 이불깃의 소요량은 포함되지 않았다.

홑이불은 이불이 더러워지지 않도록 이불에 덧씌우는 천과, 안을 두지 않고 겹으로 꾸민 여름용 이불 두 종류가 있는데, 여름용 홑이불은 고운 베로 만드는 경우가 많다. 홑이불의 필요량을 32척으로 제시한 것을 보면 이는 이불에 덧씌우는 천을 의미하며, 크기는 폭 32.9cm의 옷감 6.5폭에 길이 5척 즉, 폭 195cm에 길이 230cm 정도인 것으로 추측된다.

처네 이불은 보통 이불보다 크기가 작고, 안팎 양쪽을 모두 쓸 수 있도록 감을 각색으로 하였다. 또 차렵이불처럼 솜을 얇게 두었는데, 이불 속에 덮는 안 이불로 쓰기도 하고 낮잠을 잘 때 가볍게 덮기도 했으며, 더욱 작게 만들어 어린아이를 업을 때 두르기도 하였다. 처네 이불을 만드는 데 40척의 옷감이 든다고 한 것으로 보아, 이불 크기의 5/7 정도 즉 폭 32.9cm의 옷감 5폭에 길이 4척의 크기였을 것으로 추정된다. 빙허각 이씨는 겉감의 소요량을 25척으로 제시하였는데, 이를 통해 일반 이불 크기와 별반 다르지 않게 만들기도 하였음을 짐작할 수 있다. 또 솜이 4근 소요된다고 하였으므로 두께는 이불의 1/2 정도였을 것으로 보인다. 통상 처네 이불의 두께는 얇기 때문에 그 두 배에 이르는 솜이불의 두께도 지금의 이불보다는 상대적으로 얇았을 가능성이 크다. 김숙당은 이불솜을 15근 이상 쓴다고 하였으니 100여 년의 세월 동안 이불이 2배가량 두꺼워진 것을 알 수 있다.

빙허각 이씨는 요의 치수를 너비 2폭 반, 길이 4척으로 제시하면서, 폭이 넓고 길이가 짧으며 너무 두꺼운 요는 아름답지 못하다고 하였다.

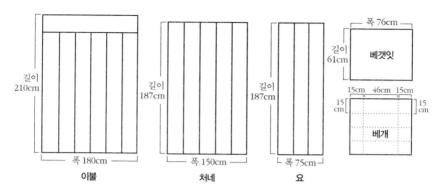

침구 재단도

제시한 치수로 계산해보면, 솜을 싸는 욕소리[褥塑裡]를 만드는 데 20척의 옷감이 필요한 것으로 나타난다. 그런데 요의[褥衣] 7척, 요내의[褥內衣] 7척 5촌, 요화포[褥花布] 10척 5촌의 산출 근거가 납득되지 않는다. 요의 밑바닥은 비단으로 시쳐서 모양을 내고, 위는 계절에 따라 베나 무명으로 시친다. 명칭으로 보아 요화포가 바닥에 놓는 비단이고 요내의나 요의가 요를 싸는 천인 듯한데, 필요량이 서로 뒤바뀌어 있다. 솜의 필요량은 3~4근으로 처네 이불과 비슷한데 크기는 절반이므로 두께는 처네 이불보다 2배 정도 두꺼운 것으로 이해할 수 있다.

　김숙당이 제시한 베개의 치수[55]를 미터법으로 환산하면 길이는 76cm, 통은 61cm가 된다. 따라서 2폭 반×1.3척, 즉 3폭 반 정도의 옷감이 필요하다. 이때 길이 76cm는 양옆에 놓이게 될 베갯모까지 포함한 치수이다. 이규경도 베갯잇을 포함하여 베개를 만드는 데 드는 옷감의 양으로 겉과 안을 합해 7척을 제시하였으니, 베개의 크기는 크게 변하지 않은 것으로 생각된다.

---

55) 김숙당, 『朝鮮裁縫全書』(活文社書店, 1925) 96쪽.

근대의 도래와 전통 복식의 변화

"의복에는 두 가지 용도가 있으니 한 가지는 몸을 따스하게 하는 것이요, 한 가지는 몸을 가리는 것이다. 몸을 따스하게 하는 것은 갖옷과 비단을 만들어 바람과 추위를 막음이요, 몸을 가리는 것은 문장紋章을 만들어 귀하고 천함을 표시하는 것"이라는 정약용의 말에서도 알 수 있듯이, 의복은 실용적인 기능과 함께 개성과 신분을 드러내는 기능을 하였다. 특히 조선과 같이 엄격한 신분 사회에서는 같은 의복이 신분과 성별에 따라 다른 의미를 지니기도 하였다. 가령 저고리는 같은 옷이라도 기능 면에서 남녀에 차이가 있었다. 여자들에게는 저고리가 겉옷이었지만 남자들에게는 속옷으로 이용되었다. 그 결과 겉옷인 여자 저고리는 다양한 형태와 명칭으로 분화 발달했지만, 속옷인 남자 저고리는 시대적인 변화를 거의 보이지 않을 만큼 일정한 형태를 유지했다. 반대로 남자들의 겉옷인 포가 다양하게 발전한 데 비해, 내외를 하는 것이 중요한 여자들의 경우 내외용 쓰개가 포의 역할을 대신했기 때문에 포는 발달하지 않았다.

한편 신분이 고귀할수록 입어야 하는 옷의 가짓수가 많아져서 양반의 경우 바지, 저고리의 기본 복식 위에 도포, 대창의 등 소매가 넓은 포를 입었으며, 포 안에는 받침옷으로 중치막이나 광수주의 등을 입었다. 그런데 양반의 받침옷인 중치막, 주의가 상민에게는 최고의 겉옷 역할을 하기도 했다.

하지만 1884년에 반포된 갑신 의제 개혁으로 기존의 의관 제도가 간소화되었고, 1895년의 갑오 의제 개혁으로 양반과 서인이 모두 주의를 입게 됨으로써 복식의 신분 상징성은 완전히 사라져버렸다. 20세기에 들어와서는 새롭게 받아들인 양복이 엘리트의 상징으로 부각되었는데, 한복에는 신분을 상징하는 단서가 이미 사라져버리고 없었다. 이것은 한복이 점차 양복에 밀려나는 한 요인이 되기도 하였다.

이규경이 소개한 대창의, 도포, 동의, 저고리, 바지, 홑바지, 행전, 버선, 투평, 휘항 등은 19세기 남자의 기본 의상이라고 할 만한 것이며, 이러한 사실은 출토물로도 확인할 수 있다. 여러 가지 포 중에서 대창의, 도포, 동의만 간단히 제시한 것은 의복의 종류가 단순화되어가던 당시의 사회상을 반영하는 것이라 볼 수 있다. 여자의 기본 의상은 저고리, 홑저고리, 바지, 홑바지, 너른 홑바지, 치마, 무죽상, 허리띠, 버선 등이다. 홑저고리, 바지, 홑바지, 너른 홑바지, 무죽상, 허리띠 등 다양한 속옷이 기본 의상으로 제시된 것으로 보아 여성 의복의 경우 속옷이 발달한 구조였음을 알 수 있다. 그에 따라 근대화 과정에서 남자의 옷은 겉옷인 포가, 여자의 옷은 속옷 종류가 단순화되는 경향을 보인다.

한편, 사람들은 가내에 전해 내려오는 전통 방식과 개인적 경험에 따라 의복을 제작하였지만, 이규경은 의복에 필요한 옷감의 양을 제시함으로써 주먹구구식 계산에서 벗어나 정확히 예측할 수 있는 근거를 마련하였다. 이것은 수치로 계량화된 방식에 익숙하지 않은 우리의 의생활에 과학적 사고의 틀을 제시한 것으로 평가할 수 있다.

19세기 전반의 백과전서적인 관심은 개항 직후 서양 문물에 대한 관심을 증대시키는 매개적인 기능을 하였고, 그 결과 개화사상이 형성되었다. 그러나 개화사상은 단순히 문물에 대한 고증학적 또는 박물학적 관심에 그치는 것이 아니라 적극적인 제도 개혁을 지향하였다. 이런 지향성이 정치적으로는 갑오개혁으로 표출되었고, 복식 개혁과 관련해서는 전통 옷이 갖는 신분 상징성을 약화시키는 방향으로 전개되었다. 그에 따라 근대의 복식은 이전과 달리 기능성에 초점을 맞추어 변화하게 되었다.

주영하 │ 한국학중앙연구원 한국학대학원 교수, 민속학

서강대 사학과를 졸업하고 한양대 대학원 문화인류학과에서 「김치의 문화인
류학적 연구」로 석사 학위를, 중국 북경의 중앙민족대학 대학원 민족학과에서 「中國四川凉山
彝族傳統漆器硏究」로 박사 학위를 받았다. 최근에는 민속학과 음식사를 중심으로 연구를 진행
하고 있다. 특히 전근대와 근대의 '사유와 생활'이 혼재되어 있는 19세기와 20세기에 한국인
의 생활방식이 어떻게 변용되어왔는가를 규명하는 데 관심이 많다. 저서에『음식전쟁 문화전
쟁』,『중국 중국인 중국음식』,『그림 속의 음식, 음식 속의 역사』,『사라져가는 오일장을 찾아
서』(공저) 등이 있다.

이 글은 이규경이 변증한 역曆·절기·월령·한식·춘추이사·복일·납일과 도
소주·매 그림·상원 약밥·추석 가회·널뛰기 등의 세시 풍속에 대해 살펴보고, 그것을 통해
세시 풍속에 대한 그의 인식을 살펴본 것이다. 이규경은 다른 변증에서는 매우 진보적인 태도
를 보였지만, 세시 풍속에 대해서는 왕권을 중심에 둔 중국적 시간 관념을 견지하고 있었다.
이것은 19세기 지식인 이규경이 지닌 한계라고 할 수 있다.

19세기 세시 풍속에 대한 지식인의 인식

세시 풍속의 정치성

일반적으로 '세시 풍속'歲時風俗은 한 해를 단위로 일정한 시기에 관습적·주기적·전승적·반복적·의례적으로 거행되는 행동 양식 또는 생활 행위를 가리킨다.[1] 그러나 반드시 일 년을 단위로 하지 않는 경우도 있기 때문에 이러한 정의는 한계를 지닐 수밖에 없다. 가령 격년제로 행해지는 마을 제사의 경우 일 년 주기가 아니라고 해서 세시 풍속이 아니라고 할 수는 없기 때문이다. 또한 '민속'이란 말과 달리 세시 풍속의 '풍속'이란 말은 지배 계층과 피지배 계층을 아우르는 일종의 사회적 유행fashion으로 이해되는 경우도 있다. 따라서 세시 풍속이 지니고 있는 자구字句의 의미를 새롭게 파악하는 작업이 필요하다.

한자를 주된 문자로 사용해온 전근대[2] 동아시아 사회에서 세시歲時가 지닌 의미는 시간을 파악하는 방식과 일정한 관련을 맺고 있다. 이수광 李睟光(1563~1628)은 『지봉유설』芝峰類說 「세시」歲時편에서 시간을 파악하는 방식으로 우선 십간십이지十干十二支를 기준으로 한 60년 주기를 제시한다. 그리고 일 년을 정월에서 12월까지 나눈다. 이것은 삭망월朔望月을 기준으로 일 년을 구분하는 방법이다. 마지막으로 절기의 순서인 절서節序를 통해 일 년의 구성을 논하고 있다. 따라서 이수광의 인식에 따르면 세시는 넓은 의미에서 60년을 주기로 하는 동아시아의 시간관을 기준으로 하는데, 일 년은 다시 12개월, 24절기로 나누어진다. 결국 전근대 동아시아 사회에서 시간을 파악하는 방법은 '세시'라는 개념어로 정의되었으며, 세시의 기본 단위는 일 년이지만 넓게는 60갑자[3] 즉 60년이라고도 볼 수 있다.

'풍속'風俗이란 말에 대해서도 다시 한 번 궁구해볼 필요가 있다. 원래 고문古文에서 이야기하는 풍속은 '역대로 이어져서 누적되어 성립된 풍상風尙과 습관'을 가리킨다.[4] 이와 같은 의미의 풍속은 영어의 'manners' 혹은 'customs'에 해당한다. 그러나 풍속은 정치 경제적 권력을 지닌 지배층에 의해 주도되는 경향이 있기 때문에 결과적으로 사회적 안정에 기여하는 윤리적인 방향으로 전개된다. 지배층은 당연히 민民을 풍속 교화의 대상으로 생각하게 마련이고, 민의 풍속이 지배층이 바라는 방향으로 가지 않을 경우 국가는 풍속 개량을 통해 자신들이 원하는 방향으로 교화를 한다. 따라서 전근대의 풍속은 'public morals'로 보아야 한다.

그런데 일본 민속학에서는 세시 풍속을 '연중행사'라고 하고, 중국 민속학에서는 '세시절일'歲時節日이라 하여 '풍속'이란 말을 사용하지 않는다. 하지만 앞에서 밝힌 바와 같이 본래 세시 풍속이란 말에는 군자君子로 대표되는 지배층이 지향하는 시간의 단위와 민民이 여기에 대응하여 행하는 윤리적 경향성이 내포되어 있기 때문에 이것을 그대로 드러내는 것이 더 합당할 수 있다. 결국 동아시아 고대국가에서 사용된

'세시 풍속'이라는 말의 원래 뜻에서 출발하여, 사람들이 시간의 마디를 어떻게 인식하고 행위했는가 하는 것을 살피는 것이 풍속을 연구하는 올바른 방법이라 할 수 있다.

하지만 전근대사회의 세시 풍속에 대한 이와 같은 접근은 종래 연구자들 사이에서 엄밀하게 논의된 바가 없다. 사실 근대적인 사유와 생활 방식을 기준으로 본다면 앞에서 제기한 문제는 그다지 중요하지 않을 수 있다. 그러나 근대적 사유가 아직 개입되지 않았던 조선시대의 세시 풍속에 대한 연구를 시도할 때 연구자 본인의 근대적 사유를 잣대로 하여 접근하는 데는 일정한 문제가 노정될 가능성이 많다. 이 문제를 해결하기 위해서는 역사적 사실뿐 아니라 기록을 남긴 사람의 역사적 경험에 주목할 필요가 있다. 특히 전근대의 세시 풍속을 이해하기 위해서는 이와 관련된 기록을 남긴 사람들이 지녔던 '인식'에 관심을 가지지 않으면 안 된다. 즉 기록자의 세계관에 대해 이해해야 한다는 것이다. 그래야만 전근대적인 민속이 지닌 의미 체계를 파악할 수 있기 때문이다.

이런 의미에서 본고는 조선 후기 백과사전적 지식에 통달했던 이규경이 『오주연문장전산고』에서 세시 풍속과 관련된 내용을 어떻게 다루었는지에 대해 살피는 데 목적을 둔다. 사실 『오주연문장전산고』는 그 책명에서도 나타나듯이 당시 백과사전류에 속하는 다른 저작들과 달리 단지 산고散稿에 지나지 않는 측면이 있다. 하지만 이규경은 세시 풍속

---

1) 한국민속학회, 『한국 민속학의 이해』(문학아카데미, 1994) 108쪽.
2) 본문에서의 '전근대'는 역사적 시간으로서의 전근대를 의미하지 않는다. 그보다는 'modernism'이라 불리는, 18~19세기 근대국가의 성립을 통해 전개된 서양의 근대적 사유와 생활에 대비되는 'pre-modernism'을 가리킨다.
3) 60甲子를 기본으로 하는 三元甲子(180년)에 대한 인식도 존재한다.
4) 『漢書』, 「地理志」, "凡民稟五常之性 而有剛柔緩急音聲不同 系水土之風氣 故謂之風; 好惡取舍 動靜無常 隨君上之情欲 故謂之俗".

과 관련된 항목에 대해 고정변증考訂辨證, 즉 옛 서적의 진위와 이동異同을 조사해 밝히고 개념을 논리적으로 분석하는 연구를 시도했다. 그런 까닭에 비록 산고라는 한계를 지니고 있긴 하지만『오주연문장전산고』의 내용은 당대의 현상이 지닌 연원에 주목한 일종의 민속지적民俗誌的 성격을 지니고 있다.

필자가 현재까지 파악한 바에 의하면, 이규경의『오주연문장전산고』에서 세시 풍속과 관련된 항목은 다음과 같다.5) 즉「기후월령변증설」氣候月令辨證說,「월령변증설」月令辨證說,「원명력절기수월수변증설」元明曆節氣隨月數辨證說,「역이십사기변증설」曆二十四氣辨證說,「도소주변증설」屠蘇酒辨證說,「점화응변증설」黏畫鷹辨證說,「상원약반추석가회변증설」上元藥飯秋夕嘉會辨證說,「한식춘추이사복랍변증설」寒食春秋二社伏臘辨證說,「청명주변증설」淸明酒辨證說,「우수경칩곡우청명소만망종변증설」雨水驚蟄穀雨淸明小滿芒種辨證說,「백종변증설」百種辨證說,「판무변증설」板舞辨證說 등이다. 주지하듯이『오주연문장전산고』는 비슷한 시기에 쓰인 홍석모洪錫謨(1781~1850)의『동국세시기』東國歲時記와 같이 월령月令을 기준으로 체계적으로 당시의 세시 풍속을 다루고 있지는 않다. 하지만 기후와 월령의 상관성, 24절기, 상원에 먹는 약밥과 추석의 가회, 한식·춘추 제사·복일·납일에 대한 비교, 우수·경칩·곡우·청명·소만·망종이 지닌 연관성 등에 대한 고증학적 접근은 논증의 과정이 있는 '의미 있는 접근'이라 평가할 수 있다. 이러한 특성은 세시 풍속 연구를 단지 사실의 나열 정도로 여기는 20세기 초반의 민속학과 비교할 때 더욱 뚜렷이 드러난다.

더욱이 현전하는『오주연문장전산고』가 근대 이후 최남선崔南善(1890~1957)에 의해 수집된 것이라는 사실은 세시 풍속 연구사에서 일정한 의의를 지닌다. 최남선은『오주연문장전산고』와 함께『동국세시기』도 영인하여 출판했으며, 1937년 1월 30일부터 9월 22일까지 160회에 걸쳐 『매일신보』에 「강토」疆土편·「풍속」風俗편과 함께 「세시」歲時편을 연재6) 했기 때문이다. 즉 1910년 최남선·현채·박은식 등이 주도하여 설립한 조선광문회朝鮮光文會에서는 조선시대의 여러 명저들에 대한 복간사업을 펼쳤다. 이때 『동국세시기』도 출판되었으며, 『오주연문장전산고』 역시 그 과정에서 최남선이 소장해왔을 것으로 여겨진다.

　　일제 식민지 시기에는 조선의 세시 풍속에 대한 관심이 지대했다.7) 이것은 근대국가nation-state를 지니지 못한 식민지 상황에서 일본 내지와 대비되는 '조선적인 것'에 대한 관심이 촉발된 것으로 이해할 수 있다.8) 당시 조선의 근대적 지식인들은 문화 통치 아래에서 조선에 대한 표상表象을 만들어내는 것이 식민지 상황을 극복할 수 있는 방안이라 생각하였다. 여기에 비해 일본 총독부나 조선에서 활동한 일본 지식인들은 통치를 위한 목적으로 일본과는 다른 '조선적인 것'에 주목하였

---

5) 『五洲衍文長箋散稿』의 영인본으로는 1958년 동국문화사 간행본, 1982년 명문당 간행본, 1993년 고전간행회 간행본이 있다. 본고에서는 명문당 간행본을 주 텍스트로 삼았다.

6) 최남선은 1946년 이 연재물을 모아 『朝鮮常識問答』을 출판했다.

7) 대표적인 글은 다음과 같다. 加藤灌覺, 「日本內地における端午の絶句と朝鮮の端午節」, 『文敎の朝鮮』 제45권(朝鮮敎育會, 1929). 今村, 「朝鮮歲時記」, 『廣寒時記』(自由討究社, 1921). 鷺山學人, 「嘉俳節의 由來」, 『新東亞』 제11호(동아일보사, 1932). 孟峴學人, 「八月名節의 由來」, 『實生活』(조선물산장려회, 1935). 손진태, 「강계의 정월행사」, 『朝鮮民俗』 제1권(朝鮮民俗學會, 1933). 손진태, 「석전고」, 『민속학』 제5호~제8호(民俗學會(東京), 1933). 송석하, 「조선의 정월과 농업」, 『학등』 제14호(한성도서주식회사, 1935). 송석하, 「추천의 유래」, 『신가정』 제4권 제5호(동아일보사, 1936). 신림, 「구속정월풍속」, 『삼천리』 제8권 제2호(삼천리사, 1936). 吳晴, 「朝鮮の年中行事」, 『朝鮮』 제168호~제172호·제186호(朝鮮總督府, 1929. 5~9, 1930. 11). 鮎具房之進, 「還曆の厄年」, 『朝鮮民俗』 제3권(朝鮮民俗學會, 1940). 청오, 「조선의 단오풍속」, 『朝光』 제4권 제6호(조선일보사, 1938). 최남선, 「개화의 속―한식의 유래―」(『매일신보』, 1934. 5. 17).

8) 자세한 내용은 주영하, 「동아시아 민속학에서의 민족과 국가―20세기 초반을 중심으로」, 『정신문화연구』 제96호(한국학중앙연구원, 2004) 3~28쪽을 참조할 것.

다.[9] 이때 여러 가지 백과사전류와 함께 대표적인 참고 문헌 역할을 한 것이 바로『오주연문장전산고』이다.

특히 이 책은 종래 민속학에서 주로 다루어오는, 민속 현상에 대한 역사적 원형론과 일맥상통하는 측면이 있다. 하나의 민속 현상에 대한 문헌적 고증은 결국 그 유래와 변천 과정을 밝히는 데 집중하게 마련이기 때문이다. 이런 면에서『오주연문장전산고』에 나오는 세시 풍속 관련 항목은 세시 풍속에 대한 이규경 자신의 인식을 보여주는 동시에, 각 세시 풍속에 관한 문헌적 고증도 함께 제시해준다고 할 수 있다. 이것은 근대 이후 조선의 민속학자들에 의해 답습되는 경향을 보이기도 한다.

본고는 이와 같은 가설 속에서 서술된다. 비록 본고는『오주연문장전산고』의 기록을 통해 조선 후기 특히 19세기 중반을 살았던 이규경이란 인물의 세시 풍속에 대한 인식을 밝히는 데 목적이 있지만, 이를 기반으로 하여 하나의 지식 체계가 근대 이후 어떻게 변이되는지에 대해서도 주목할 것이다. 그동안 이규경의 인식을 두고 근대적 맹아萌芽라는 주장이 있어왔다.[10] 그러나 이러한 주장은 이규경의 인식을 제대로 이해하려는 구체적인 연구의 결과로 나온 것이 아니다. 이런 점에서 이규경이 세시 풍속에 대해 어떤 인식을 지니고 있었는지를 살피는 본고는 일정한 의의를 지닌다.

세시와 월령에 대한 이규경의 인식

우선 「기후월령변증설」氣候月令辨證說(卷3)을 통해 이규경 당대의 세시에 대한 개념을 파악할 수 있다. 이규경은 전한前漢 때의 대덕戴德이 지은 것으로 전해지는『하소정』夏小正에 청나라 사람 서세부徐世溥가 주를 붙인『하소정해』夏小正解를 기본 텍스트로 하여 기후와 월령을 변증하였다. 알다시피『하소정』은 하夏나라 달력의 12개월 순서를 바탕으로 매달의 성상星象 · 기후氣候에 따른 농업의 변화에 대해 기술한 책이다. 특히 종식種植 · 잠상蠶桑 · 목축牧畜 · 어렵漁獵 등의 생업 활동과 기후의 관계를 기록하고 있다. 이규경은 이『하소정해』에 나오는 각각의 조목들이 구체적으로 어떤 내용인지를 여러 문헌들을 통해 변증하였다. 이런 면에서 볼 때 이 변증설은『하소정해』에 대한 또 다른 주해라고 할 수 있다.

그런데 우리가 이 부분에서 더 중요하게 살펴봐야 할 점은 세시에 대한 이규경의 시간 관념이다. 그는 기본적으로『하소정해』의 관념을 그대로 따르면서, 일 년을 절후와 월령으로 구분하는 방식과 매월 계절의 변화와 농사의 관련성을 설명하였다.

즉 사시四時에는 여섯 개의 기氣가 있는데, 입춘立春에서 춘분春分까지의 일기一氣는 생기生氣라 하고, 청명淸明에서 소만小滿까지의 일기는 서기敍氣라 한다. 망종芒種에서 대서大暑까지의 일기는 장기長氣라 하고, 입추立秋에서 추분秋分까지의 일기는 화기化氣라 하며, 한로寒露에서 소설小雪까지의 일기는 수기收氣라 하고, 대설大雪에서 대한大寒까지의 일기는 장기藏氣라 부른다.

매월은 각각 여섯 후候로 구성되는데, 그 특징은 다음과 같다. 정월 여섯 후에는 동풍이 불어 언 땅이 녹고(正月六候東風解凍), 2월 여섯 후에

---

9) 자세한 내용은 주영하, 「동아시아 민속학에서의 민족과 국가—20세기 초반을 중심으로」, 『정신문화연구』 제96호(한국학중앙연구원, 2004)를 참조할 것.

10) 윤사순, 「李圭景의 實學에 있어서의 傳統思想」, 『아세아연구』 제50집(고려대 아세아문제연구소, 1973). 윤병주, 「19세기 중엽 李圭景의 學風과 思想」, 『한국학보』 제75집(일지사, 1994).

는 복숭아 꽃이 피기 시작한다(二月六候桃始華). 3월의 여섯 후에는 오동이 꽃 피기 시작하고(三月六候桐始華), 4월 여섯 후에는 청개구리가 운다(四月大候螻蟈鳴). 5월 여섯 후에는 사마귀와 쇠똥구리가 생겨나고(五月六候螳螂生), 6월의 여섯 후에는 따뜻한 바람이 불며(六月六候溫風至), 7월 여섯 후에는 서늘한 바람이 불기 시작한다(七月六候涼風至). 8월에는 큰 기러기와 작은 기러기가 날아오고(八月六候鴻雁來), 9월 여섯 후에는 기러기들이 모여든다(九月六候鴻雁來賓). 10월의 여섯 후에는 물이 얼기 시작하고(十月六候水始氷), 11월 여섯 후에는 산박쥐가 울지 않으며(十一月六候鶡鴠不鳴), 12월에는 기러기가 북으로 돌아간다(十二月六候雁北向). 이규경은 이러한 변화를 제대로 이해해야 농잠農蠶을 하는 데 도움이 된다고 말했다. 이상에서 살펴본 것처럼 일 년의 기운은 6기氣, 72후候로 나누어진다.

그런데 「원명력절기수월수변증설」元明曆節氣隨月數辨證說(卷27)에서는 원나라와 명나라의 세절歲節이 다르다고 하면서, 그 이유로 각기 다른 역曆에 기준했기 때문이라는 점을 밝혔다. 즉 원나라 갑오세절甲午歲節에 따르면 정월 1일이 입춘이고, 2월 2일이 경칩, 3월 3일이 청명, 4월 4일이 입하, 5월 5일이 망종, 6월 6일이 소서이다. 또 7월 7일이 입추, 8월 8일이 백로, 9월 9일이 한로, 10월 10일이 입동이며, 11월 11일이 대설, 12월 12일이 소한으로 되어 있다. 그러나 명나라 만력갑오세萬曆甲午歲에는 정월 1일이 우수, 2월 2일이 춘분, 3월 3일이 곡우, 4월 4일이 소만, 5월 5일이 하지, 6월 6일이 대서, 7월 7일이 처서, 8월 8일이 추분, 9월 9일이 상강, 10월 10일이 소설, 11월 11일이 동지, 12월 12일이 대한으로 되어 있다. 이는 원나라에서는 『수시력』授時曆을 기준으로 하였고, 명나라에서는 『대통력』大統曆을 기준으로 했기 때문이라는 점을 분명히 했다.

중국에서는 원나라 이전에 이미 80~90종에 이르는 많은 역법이 만들어졌는데, 고대 중국의 역법 체계는 한 무제의 태초 원년(기원전 104)에서야 비로소 정립되었다. 문헌 기록에 의하면 당시에도 이전부터 전해져오던 『황제력』黃帝曆, 『전욱력』顓頊曆, 『하력』夏曆, 『은력』殷曆, 『주력』周曆, 『노력』魯曆 등의 '육력'六曆이 있었다고 하지만, 이것은 모두 주나라와 진나라 때 만들어진 것일 가능성이 많다.[11] 여하튼 한 무제 때 들어와서 『하력』에 근거한 『태초력』太初曆이 채용되었다. 비록 구체적인 내용은 시대에 따라 약간씩 변하지만, 청나라 순치 2년(1645)에 서양의 역법 체계와 결합을 시도한 『시헌력』時憲曆이 나오기 전까지 『하력』은 중국 역법 체계의 기준이었다고 할 수 있다.

그러나 『태초력』과 『대연력』大衍曆은 전적으로 별과 달의 움직임에 대한 과학적인 관찰을 토대로 만들어진 것은 아니었다. 『태초력』은 주로 황종黃鐘에 가탁假託한 것이고, 『대연력』은 역상易象에 부회附會한 것이다. 하지만 이와 달리 『수시력』은 실제 태양의 움직임을 관찰한 결과에 근거하여 만들어졌다.[12] 이런 의미에서 1281년에 선포된 『수시력』은 중국 역법사에서 가장 과학적인 결과물이라고 할 수 있다. 『대통력』역시 『수시력』에 근거하여 만들어진 것이다. 두 역법은 일 년을 각각 365.2423일(수시력)과 365.2425일(대통력)로 파악한 것을 제외하면 나머지는 대동소이하다. 다만 이규경이 밝혔듯이 두 역법은 월령을 대표하는 절기를 상이하게 보고 있을 뿐이다.

---

11) 20세기 이후 발견된 금석문과 갑골문 등에는 제13월의 기록도 종종 나오기 때문에 한 무제 이전에 삭망월을 기준으로 한 12월 체제가 완전히 정립되었다고 보기는 어렵다. 아마도 윤달에 대한 계산이 필요할 때 별도로 제13월을 산정한 것이 아닌가 생각된다. 자세한 내용은 陳遵嬀, 『中國天文學史』(明文書局, 1988) 제5책 78~79쪽을 참조할 것.
12) 陳遵嬀, 위의 책 188~189쪽.

이것은 한 왕조가 지닌 역법의 장악력과 관련이 있다. 비록 역법은 자연의 변화를 근거로 세시를 구분하기 위해 제정된 것이지만, 천명을 받았다고 강조하는 왕조의 정통성과도 밀접한 관련을 맺는다. 그래서 『황제력』, 『전욱력』, 『하력』, 『은력』, 『주력』, 『노력』 등에서 볼 수 있듯이 왕조의 교체에 따라 그 이전의 역법을 폐하고 새롭게 역법을 제정해 왔다.13) 『수시력』과 『대통력』의 월령 절후가 서로 다른 것은 바로 이 때문이다.

월령은 민民의 속俗을 살피는 중요한 근거가 되기도 한다. 『고려사 절요』高麗史切要에는 현종 9년(1018)에 문하시중 유진劉瑨 등이 "백성들이 전염병에 걸리고 음양이 고르지 못한 것은 모두 형정이 시기에 맞지 않아 일어난 것입니다. 삼가 월령을 참고하건대, 3월의 절節에는 옥을 줄이고 질곡桎梏을 제거하며 함부로 매질하지 않고 옥소獄訴를 중지하며, 4월의 중기仲氣에는 죄가 무거운 죄수는 관대하게 하고 가벼운 죄수는 내보내며, 7월의 중기에는 옥을 수리하고 질곡을 갖추며 가벼운 형을 결단하고 작은 죄를 처결해야 합니다"14)라고 간언했다고 기록되어 있다.

그렇다면 월령은 언제 생긴 것인가? 이것을 분명히 하기 위해 이규경은 「월령변증설」月令辨證說(卷46)에서 월령이 생기게 된 유래와 문헌적 변천에 대해 밝히고 있다. 즉 월령은 원래 주공周公이 만들었다고 전해지지만, 사실은 진나라 때 여불위呂不韋가 만들었다. 그러나 여불위의 것은 산실되어 보이지 않고, 후세에 그것을 기초로 하여 월령을 제정하였다는 것이다. 그러면서 이규경은 역曆은 원래 백성들의 일을 기준으로 하여 절기를 나눈 것이라는 입장을 보인다. 즉 '명천시수민사' 明天時授民事가 역법의 핵심이라는 것이다. 이것은 세시가 단지 지배 이데올로기를 반영한 것이 아니라, 자연의 변화에 따른 백성들의 농업과 밀접한 관련이 있음을 강조한 것이다.

비록 월령이 농사를 권장하면서 농민들의 실제 생활에 도움이 되도록 구성한 것이라고 하지만, 실제로는 지배 이데올로기가 깊숙히 간여하여 완성된 것임을 상기하지 않으면 안 된다. 이규경 역시 역법과 월령이 생성된 원리가 모두 지배자에 의해 비롯되었다는 점을 인정하고 있다. 그러면서도 여전히 '명천시수민사'를 내세운 것은 왕의 지배가 천명에 따른 것이라는 점을 인정하고 있었기 때문이다. 이것은 봉건 왕조 체제 아래에서의 풍속은 민民의 'public morals'를 강화하려는 의도로 이용되었고, 역법 · 월령 · 세시기 등은 민에게 실시하는 규범 교육의 텍스트가 되었을 가능성을 보여준다.

이런 면에서 이규경은 봉건 왕조의 관습적 세시 관념에서 크게 벗어나지 않고 있었다. 이것은 당시 지식인들의 공통된 인식이라고 볼 수 있다. 이규경과 막역한 사이로 알려진 최한기崔漢綺(1803~1877)는 "민은 비록 지극히 우둔하나 그 앎은 신神과 같다"[15]고 했다. 이 주장 역시 '민심은 곧 천심'이라는 전통적인 명제에서 크게 벗어난 것이 아니다.[16] 결론적으로 이규경은 왕도 정치의 기본 시스템에 대해 의문을 제시하지 않았으며, 그 일단을 세시에 대한 그의 인식에서 가늠할 수 있다.

---

13) 이에 대해서는 김일권, 「천문정통론으로서의 한당대 五德수명론과 三統사상 연구」, 『한국사상사학』 제12집(한국사상사학회, 1999)를 참조할 것.

14) 『高麗史節要』 卷2, 顯宗 元文大王 戊午 9년 4월, "閏月 門下侍中劉瑨等 奏 民庶疫癘 陰陽愆伏 皆刑政不時所致也謹按月令 三月節 省囹圄 去桎梏 無肆掠 止獄訴 四月中氣 挺重囚 出輕繫 七月中氣 繕囹圄 具桎梏 斷薄刑 決小罪 又按獄官令 從立春至秋分 不得奏決死刑 若犯惡逆 不抱此令 然恐法吏未盡審詳 請令後 內外所司 皆依令旅行 從之".

15) 崔漢綺, 『人政』 卷23, 「欺民及自欺」, "民雖至愚 其知如神".

16) 박희병, 『운화와 근대─최한기 사상에 대한 음미』(돌베개, 2003) 81쪽.

24절기에 대한 이규경의 인식

「원명력절기수월수변증설」元明曆節氣隨月數辨證說(卷27)과 「역이십사기변증설」曆二十四氣辨證說(卷3)에서 이규경은 24절기와 절기의 연원에 대해 밝히려 하였다. 황제黃帝는 역을 정하면서 희화羲和에게 명하여 점일占日을 하게 했고, 상의常儀에게 명하여 점월占月을 하게 했다. 그러나 요임금 때도 24기 72후의 구분이 없었다. 그런데 후세의 역가曆家들이 『주역』周易의 괘효를 빌려 육십사괘를 나누었는데, 이십사효로써 이십사기를 만들었다. 혹자는 이십사기가 주공周公의 『시훈』時訓에서 연유한다고도 한다. 또한 황제黃帝가 기물氣物을 세우면서 수數로 나눈 것이 기氣이고, 여기에서 이십사기가 비롯되었다는 주장도 있다. 이에 대해서는 오로지 『한서』漢書 「율력지」律曆志와 『효경위』孝經緯에 전체 내용이 들어 있다. 따라서 이규경은 24기 72후는 한나라 때 비로소 시작되었다고 주장한다.

24절기는 태양력을 바탕으로 일 년의 세시를 나눈 것이다. 일반적으로 절기란 태양년을 태양의 황경黃經에 따라 24등분하여 계절을 세분한 것을 가리킨다. 다른 말로 시령時令, 절후節候라고도 한다. 춘분을 지나는 점인 춘분점을 기점으로 하여 태양이 황도黃道를 따라 움직인 각도에 의해 절기가 구분된다. 즉 황경이 0°일 때를 춘분, 15°일 때를 청명 등으로 나눈다. 춘하추동의 각 계절은 입춘·입하·입추·입동의 4개 절기가 대표하며, 24절기는 다시 절節과 중仲으로 분류된다. 입춘을 비롯한 홀수 번째 절기들은 절이 되고, 우수를 비롯한 짝수 번째 절기들은 중이 된다. 또한 중이 되는 절기인 중기仲氣는 음력 열두 달을 정하는 절기가 되기도 한다. 예를 들어 우수가 드는 달이 음력 1월이고, 처서가 드는 달이 음력 7월이다.

24절기에 대한 구분이 명확히 제시되어 있는 최초의 문헌은 『회남

음력월	절기	태양력 일자	황경	六氣	「하소정」	「칠정산내편」에 기록된 기후의 변화
1월 孟春月	立春 雨水	2월 4일경 2월 19일경	315° 330°	生氣	東風解凍	동풍이 불어 언 땅이 녹고, 땅속에서 잠자던 벌레들 움직이기 시작한다. 기러기가 북으로 날아가며 초목에서 싹이 튼다.
2월 仲春月	驚蟄 春分	3월 6일경 3월 21일경	345° 0°		桃始華	복숭아꽃이 피기 시작하고 꾀꼬리가 울며, 매가 비둘기가 되고 제비가 날아온다. 우레가 울고 번개가 친다.
3월 季春月	淸明 穀雨	4월 5일경 4월 20일경	15° 30°	敍氣	桐始華	오동이 꽃 피기 시작하고 들쥐가 종달새가 된다. 무지개가 나타나고, 마름이 생기기 시작한다.
4월 孟夏月	立夏 小滿	5월 6일경 5월 21일경	45° 60°		螻蟈鳴	청개구리가 울고 지렁이가 나온다. 하눌타리가 나고 씀바귀가 뻗어오르며, 냉이가 죽고 보리가 오른다.
5월 仲夏月	芒種 夏至	6월 6일경 6월 21일경	75° 90°	長氣	螳螂生	사마귀가 생기고 왜가리가 울기 시작하며, 매미가 울고 사슴의 뿔이 떨어진다.
6월 季夏月	小暑 大暑	7월 7일경 7월 23일경	105° 120°		溫風至	더운 바람이 불고 귀뚜라미가 벽에 다니며 매가 사나워진다. 썩은 풀이 반딧불로 변하고 흙이 습하고 더워지며 비가 내린다.
7월 孟秋月	立秋 處暑	8월 8일경 8월 23일경	135° 150°	化氣	涼風至	서늘한 바람이 불고 이슬이 내리며, 쓰르라미가 울고 매가 새를 많이 잡는다. 천지가 쓸쓸하여지기 시작하고 벼가 익는다.
8월 仲秋月	白露 秋分	9월 8일경 9월 23일경	165° 180°		鴻雁來	기러기가 날아오고 제비가 돌아가며, 뭇새들이 먹이를 저장하고 우레가 소리를 거둔다. 겨울잠 자는 벌레가 흙을 판다.
9월 季秋月	寒露 霜降	10월 8일경 10월 23일경	195° 210°	收氣	鴻雁來賓	기러기가 날아오고, 참새가 큰 물에 들어가 조개가 된다. 국화가 노랗게 피고 초목이 누렇게 낙엽 지며, 벌레들이 땅속으로 들어간다.
10월 孟冬月	立冬 小雪	11월 7일경 11월 22일경	225° 240°		水始氷	물과 땅이 얼기 시작하고, 꿩이 큰 물로 들어가 조개가 된다. 무지개가 걷혀서 나타나지 않는다. 겨울이 된다.
11월 仲冬月	大雪 冬至	12월 7일경 12월 22일경	255° 270°	藏氣	鶡鴠不鳴	산박쥐가 울지 않고, 범이 교미를 시작한다. 타래붓꽃이 돋아나고 고라니의 뿔이 떨어지며 샘물이 언다.
12월 季冬月	小寒 大寒	1월 6일경 1월 21일경	285° 300°		雁北向	기러기가 북으로 돌아가고 까치가 깃을 치기 시작하며, 닭이 알을 품는다. 물과 못이 두껍고 단단하게 언다.

자』「천문훈」이다.[18] 이 책에는 "태양이 한 번 도는 것을 1일로 하고 15일을 일절—節, 이로써 이십사시二十四時를 나눈다. 처음 동지에서 시작하여 15일을 더해 마지막에 대한이 된다"[19]고 되어 있다. 이 책은 기원전 139년 이전에 완성된 것이다. 따라서 『태초력』이 만들어진 것과 비슷한 시기에 이미 24절기에 대한 명확한 구분이 있었음을 짐작할 수 있다.

이규경은 농민들이 24절기에 대해 잘 이해하지 못하기 때문에 그 내용을 쉽게 풀어서 소개한다고 하였다. 하지만 그는 『하소정해』와 『칠정산내편』七政算內篇의 내용과는 다르게 자구적字句的 해석을 주로 했다. 이규경의 해석을 간단히 정리하면 다음과 같다.

입춘은 춘절春節이 이미 들어왔다는 의미이다. 우수는 눈이 녹아 비가 됨을 가리킨다. 경칩은 숨어 있던 벌레들이 놀라서 나온다는 뜻이다. 춘분은 춘기春氣가 이미 가운데 이르렀음을 말한다. 청명은 생물이 청정명결淸淨明潔함을 가리킨다. 곡우는 비가 내려 곡물의 씨앗을 자라게 함을 가리킨다. 일설에는 파곡播穀하는 모습이 비가 내리는 것과 비슷하여 생긴 말이라고도 한다. 입하는 여름이 이미 들어왔다는 의미이다. 소만은 생물이 이때 자라서 가득 참을 가리킨다. 망종은 곡물에 털이 자라 익음을 일컫는다. 하지는 음기陰氣가 자라기 시작함을 가리킨다. 소서와 대서는 더위가 극에 이른 때로, 그것을 대소로 나누었다. 입추는 가을이 이미 들어왔다는 의미이다. 처서는 더운 기운이 장차 물러나서 멈춘다는 뜻이다. 백로는 음기가 점차 짙어짐을 가리킨다. 추분은 가을이 이미 가운데 이르렀다는 의미이다. 한로는 한기로 인해 서리가 장차 응결됨을 가리킨다. 입동은 겨울이 이미 들어왔다는 의미이다. 소설은 서리가 눈으로 변함을 가리킨다. 대설은 추위가 극에 이르러 눈이 크게 내린다는 뜻이다. 동지는 양기陽氣가 생기기 시작함을 이른다. 소한과 대한은 극한極寒을 대소로 나눈 것이다.

이규경은 이 변증설의 말미에서, 지금 농가에서는 24절기를 기준으로 삼아 농사를 짓지만 춘추전국시대에는 24절기가 없어 농잠을 하는 사람들이 때를 놓치기 일쑤였다는 점을 강조하였다. 즉 이규경은 24절기가 백성들의 생업 활동에서 매우 중요한 시간의 축이 된다는 사실을 인식하고 있었다.

그러나 변증을 통해서도 그 연원을 밝힐 수 없는 절기도 있었다. 가령「우수경칩곡우청명소만망종변증설」雨水驚蟄穀雨淸明小滿芒種辨證說(卷35)에서 이규경은 이러한 절기가 생긴 이치에 대해 알지 못하는 바가 많다고 고백하였다. 특히 절기의 순서가 어떻게 정해진 것인지에 대해서는 알 길이 없다고 하였다.

다만 절기의 선후先後가 사시절후四時節候의 자연 순서에 따른 것이라는 점은 분명히 하였다. 즉 옛 사람들은 후기候氣를 중히 여겼는데, 후기는 자연의 질서를 바로잡는 법法이다. 그래서 유학자들은 자연의 법칙에 따라 정월에는 모래무지가 나타나고(正月鯊鱺至), 2월에는 잉어가 나타나고(二月鯉至), 3월에는 쏘가리가 나타나며(三月鱖至), 4월에는 준치가 나온다(四月鰣至)고 하였다. 또 8월에는 용상어가 나타나고(八月黃

---

17) 이 표는 『夏小正』과 『七政算內篇』을 참조하여 필자가 작성한 것이다.

18) 陳遵嬀, 『中國天文學史』(明文書局, 1988) 52쪽. 전국시대에 나온 『周髀算經』에도 24절기의 구분에 대한 기록이 있다. 즉 따뜻하고 추운 것을 나누고, 四立을 나누고, 八節을 나누고, 이것을 다시 節三氣로 나누어 24절기로 삼았다고 하였다. 그러나 여기에는 24절기의 명칭은 나오지 않는다.

19) "日行一度 十五日爲一節 以生二十四時之變"이라고 하면서 아래에 冬至, 小寒, 大寒, 立春, 雨水, 驚蟄, 春分, 淸明, 穀雨, 立夏 등의 24절기 명칭을 기록하고 있다.

至), 9월에는 게가 나오며(九月蟹至), 겨울에는 복어가 나타난다(仲冬豚魚至)고 했다는 것이다. 이것은 때로써 사물의 이치를 깨치는 태도이다. 그런데 절기의 선후와 이역移易은 고금古今이 다른데, 그 이유는 때때로 천자의 뜻이 반영되었기 때문이다.

「우수경칩곡우청명소만망종변증설」에서 이규경은 지금은 우수가 정월에, 경칩이 2월에 들어 있지만, 실상은 그렇지 않았다고 하면서 다음과 같이 변증하고 있다. 경칩은 『하소정』에 정월계칩正月啓蟄이라 했듯이 한나라 때는 정월중正月仲에 있었다. 그런데 『한서』「율력지」에는 우수가 정월 입춘절에, 춘분이 2월 경칩절에 들어 있다고 나와 있다. 아마도 전한前漢 말에 경제景帝의 이름과 발음이 같은 경칩을 정월에 두지 않기 위해 경칩과 우수의 순서를 바꾼 것으로 보인다. 이로 인해 경칩이 2월에 들어가고, 우수가 정월에 들어가게 되었다. 이것은, 봉건 왕조가 자연의 순리에 따라 절후節侯를 정한 듯이 보이지만 권력의 정당성을 확보해야 할 경우 손쉽게 이를 바꾸기도 했음을 보여주는 사례이다. 그러나 이규경은 이러한 문제에 대해서는 언급하지 않았다.

한편 이규경은 당대의 농민들이 소만과 망종의 뜻을 명확히 알지 못한다는 점에 착안하여 이에 대해 변증하였다. 당시 농부들은 소만은 보리 열매가 익기 시작하는 때를 가리키며, 망종은 보리가 익어 누르게 된 때를 일컫는다고 말했다. 그런데 반드시 그런 것은 아니며 소만과 망종에 대한 설명 또한 하나가 아니다. 하지만 『주례』周禮에서는, 소만은 4월에 있는데 이때 보리는 아직 익지 않은 상태이고, 망종은 5월인데 보리를 능히 수확할 수 있다고 했다. 이것은 농부가 하는 말과 다를 바가 없으므로 『주례』의 기록이 타당하다는 점을 변증할 수 있다고 주장하였다. 이규경이 이런 내용을 변증한 것은 의문이 생기면 참지 못하는 본인의 기질 때문이겠지만, 다른 한편으로는 비록 농민들이 우둔하지만 그들 사이에 전승되어오는 지식은 어느 정도 타당하다는 사실을 증명하려는 의지를 보여주는 것이기도 하다.

24절기에 대한 중국의 기록은 주로 보리농사와 관련을 맺고 있어 논농사와 24절기의 관계를 분명하게 파악할 도리는 없다. 그러나 필자의 현지 조사 경험에 비추어 보면 24절기는 논농사에서도 매우 중요한 세시력歲時曆으로 최근까지 활용되었다. 2001년에 필자가 행한 경기도 고양시 일대의 농사력에 대한 조사에서 농사법은 지역 및 시대별로 약간씩 다른 양상을 보였지만, 24절기를 기준으로 이루어지는 대체적인 농사력은 이전 시기와 큰 차이가 없었다.[20]

가령 화학비료와 제초제가 본격적으로 등장하기 전인 1950년대 이전의 논농사는 볍씨 치기, 모내기, 김매기, 추수 등의 네 단계가 농사일의 핵심이었다. 그리고 각각의 단계는 24절기와 관련을 맺고 있었다. 우선 못자리 설치와 볍씨 치기는 곡우가 기준이 된다. 모내기는 망종 전에 끝냈다. 김매기는 하지 전후에 애벌 김매기, 15일 후인 소서 전후에 두벌 김매기를 했다. 추수는 백로 때 벼가 피면 그로부터 40일 내에 있는 추분과 한로 사이에 이루어졌다.

사실 24절기에 대한 구체적인 인식은 농업 기술의 진보에 상당한 관심을 지녔던 조선 초기에야 본격적으로 이루어진 듯하다. 고려시대의 이규보李奎報(1168~1241)는 동지를 맞이하여 "기쁘게도 내년의 달력 얻었으니, 취미가 같은 저 사람에게도 보내줘야지. 그대에게 갑년이, 몇 만 몇 천 번이라도 돌아오기 바라서네. 그대 집에도 없을 것은 아니로되, 이것을 부치는 뜻 어디에 있는가. 바라건대 해마다 이를 바침으로

---

20) 자세한 내용은 주영하, 「생산 민속(상업, 농업, 어업)」, 『고양시 민속대관』(고양문화원, 2002)을 참조할 것.

써, 공의 수壽 늘어감을 보려 함일세"[21]라고 노래하였다. 즉 조선시대 이전에는 24절기에 대한 인식이 주로 계절의 변화 및 생활의 금기와 관련되어 있었다.

이러한 사실은 이규경의 「청명주변증설」淸明酒辨證說(卷25)에서도 드러난다. 청명주는 이익李瀷이 『성호사설』星湖僿說 『만물문』萬物門 「오재삼주」五齋三酒에서 이미 밝힌 바와 같이 청명 때 담그는 술로, 당시 조선에서는 평양의 감홍로주紺紅露酒, 한산의 소국주小麴酒, 홍천의 백주白酒, 여산의 호산춘주壺山春酒가 청명주로 이름이 높았다. 실제로 1991년 필자가 조사한 바에 따르면 한산의 소국주는 청명 때 담가야 맛이 좋다고 한다. 이미 고인이 된 김영신(충남 무형문화재 제3호)이 소국주를 만드는 방법은 다음과 같다.

먼저 통밀을 한 시간쯤 물에 불려 맷돌로 곱게 간 다음 이를 누룩 틀에 담아 누룩을 만든다. 따뜻한 온돌 아랫목에서 20여 일간 누룩을 띄운 뒤 꺼내어 이틀 정도 밤이슬을 맞혀 냄새를 없앤다. 이렇게 빚은 누룩을 물에 풀어 효소를 추출한 뒤 이 추출액과 묽은 멥쌀 죽을 혼합하여 밑술을 만든다. 찹쌀로 고두밥을 지어 식힌 후 밑술과 섞어 큰 독에 담는다. 여기에 엿기름가루 3홉, 고추 10개, 생강 10뿌리, 말린 들국화 한 움큼을 넣고 창호지로 입구를 막은 후 뚜껑을 덮고 100일 정도 익힌다. 100일이 지난 뒤 열어보면 끈끈하고 샛노란 술이 젓가락 끝에 들러붙는다.

비록 이규경이 인용한 제작법과는 약간 다른 면이 있지만, 20세기의 격동기를 지나오면서도 한산의 소국주가 명맥을 이어왔다는 사실은 '민속의 지속'이란 문제와 관련해 생각해볼 일이다. 또한 이 변증설은 이규경 당대에도 24절기가 한편에서는 농사와 밀접한 관련을 맺고 있었지만, 다른 한편에서는 생활의 한 방편으로 이용되었음을 확인할 수 있는 좋은 자료가 된다.

24절기에 대한 정보는 이미 고려시대에도 있었지만 본격적인 문헌 정리가 이루어진 것은 세종 26년(1444)에 간행된 『칠정산내편』을 통해서였다. 왕명을 받은 이순지李純之와 김담金淡은 원나라의 『수시력』에 대한 해설서로 이 책을 편찬했다. 이 책에서 소개하고 있는 24절기에 대한 내용은 앞에서 살펴본 표와 같다. 『칠정산내편』의 설명을 통해서도 알 수 있듯이 24절기에 대한 조선 초기의 인식 역시 중국의 기후 조건을 바탕으로 한 '계절 변화에 대한 이해' 차원에 머물고 있었다.

조선 후기에 나온 농사력 관련 문헌에서는 농사의 주요한 일들을 하지를 기준으로 24절기에 따라 나누는 경우가 많았다. 즉 우수·춘분·청명·곡우·입하·망종·하지·대서·처서·백로·추분·동지 등이 벼농사와 관련하여 시간을 나누는 기준이 되었다. 이러한 경향을 보여주는 가장 대표적인 문헌으로는 조선 후기에 정학유丁學游(1786~1855)가 지은 『농가월령가』農家月令歌를 꼽을 수 있다.

이규경 역시 24절기가 농사와 밀접한 관련이 있음을 밝혔다. 「백종변증설」百種辨證說(卷43)의 내용을 대강 살펴보자.

민간에서 7월 망일望日을 백종이라 부른다. 그런데 백종이란 말이 의미하는 바를 알지 못하는데, 이는 우리나라 백성들이 부르는 이름으로 그 뜻이 분명하지 않다. 절에서 이날 재공불齋供佛을 설치하고 백종지물百種之物로써 부처를 공양하고 복을 기원하는(薦佛祈福) 형상에서 나온 것이 아닌가 생각된다. 이날은 불교의 우란분盂蘭盆 설화와 관련이 있다. 『세시기』歲時記에는

---

21) 李奎報, 『東國李相國集』後集 卷2, 古律詩 「冬至以新曆寄李學士」, "喜得明年曆 寄他同調人 期君巡甲子 亥首下如身 君家非所欠 奉寄意如何 願效年年獻 看公壽漸多".

7월 15일에 절에서 우란분을 행한다고 하였다. 『송도지』松都志에서는 7월 15일을 일러 백종이라 하는데, 남녀가 모두 산에 올라 주식酒食을 차리고 망혼亡魂을 부른다고 했다. 이것은 아마도 우란재盂蘭齋의 고풍古風인 듯하다. 도가道家에서는 정월 15일을 상원上元, 7월 15일을 중원中元, 10월 15일을 하원下元이라 하고 모두 합해 삼원三元이라 부른다. 도서道書에서는 상원에 천관에게 복을 빌고(賜福天官), 중원에 지관에게 죄를 빌며(赦罪地官), 하원에 수관에게 액을 풀어주기를 빈다(解厄水官)고 했다. 『도장경』道藏經에 따르면 7월 중원이 곧 대경지일大慶之日로, 태상노군太上老君이 이날 처음으로 천존회天尊會를 시작하여 세계를 집복集福했다고 한다. 그래서 도속道俗에서는 삼원일三元日에 초례를 지내고 복을 빈다(齋醮祈福)고 한다. 『오잡조』五雜組에서는 4월 15일에 중들이 하안거夏安居에 들어가 그로부터 90일 후인 이날 산거散去를 하는데, 이를 일러 해하解夏 혹은 해제解制라 부른다고 하였다. 일본에서는 7월 15일에 등燈을 단다. 백종은 즉 해하·해제의 유속流俗이다.[22]

이규경이 밝혔듯이 백중은 불교와 관련된 세시 풍속이다. 고려시대에는 백중이 추석보다 더 성행했는데, 이때 불교식 조상 제사인 우란분재盂蘭盆齋가 각 절에서 열렸다. "가을 7월 임인일에 봉원전奉元殿에서 우란분재를 올렸다"[23]거나, "스님들 하안거 끝내니 석장錫杖은 날 듯하고, 강과 산으로 그림자만 데리고 떠나가네. 다만 겨울 동안 입에 풀칠할 생각하니, 매번 세속에서 승복을 더럽히는구나. 해마다 결하 때 되면 좌선에 들어가, 백성에게 탁발하니 모든 것 남아도네. 좌선하고 있으니 서풍이 비 몰고 가니, 또 발우鉢盂 메고 석장 짚어 어느 저자를 찾아가는가. 저잣거리 불한당들 으스대는데, 척도 놀이〔散樂雜技〕 하는 키 큰 사람은 마치 삼을 끊는 듯하네. 예전에 보은사 뜰에서도 보이더니, 지금 흰머리 세고 보니 눈이 침침하구나"[24]라는 기록이 전한다.

142

우란분재는 원래 538년 양나라의 무제가 동태사同泰寺에 거둥하여 우란분재를 설행한 데서 기인한다.[25] 또 다른 의미에서 우란분재는 효를 위한 제사라고도 할 수 있다. 목련존자가 아귀도에 떨어진 어머니를 구하기 위해 여러 수행승에게 올린 공양에서 비롯되었기 때문이다. 당나라 이후 왕실에서는 각 관사官寺에 제물을 바쳤고, 특히 당송대 이후에는 재齋 외에도 강에 연등 띄우기, 분법선焚法船 띄우기 등의 행사가 벌어졌다. 그러나 우리나라에서는 조선시대는 물론이고 불교를 국교로 삼았던 고려시대에도 이와 같은 중국적인 백중 행사가 거행되었다는 기록은 아직 보이지 않는다.

이날 농부들은 김매기를 끝내고 호미를 씻으면서 두레 노동의 계산을 하였다. 필자가 조사한 고양시의 농사일 과정에서도 이 모습의 흔적을 발견할 수 있었다.[26] 애벌과 두벌 김매기가 다 끝나고 한 달쯤 지나면 두레의 뒷마무리를 하는 '두레심'을 위해 회의를 했다. 이를 두고 '두레심 본다'고 불렀다. 보통 농사를 가장 많이 지은 집에서 회의 장소를 제공했는데, 안건은 일 값 계산[27]과 마지막 뒤풀이인 '호미 씻기' 혹

---

22) 이 부분은 필자가 원문의 대강을 정리한 것이다.

23) 『高麗史』卷18, 『世家』毅宗 癸酉 7년 7月 壬寅日, "壬寅 設盂蘭盆齋於奉元殿".

24) 李穡, 『牧隱先生文集』卷18, 7月 15일, "浮圖解夏錫如飛 萬水千山携影歸 只爲過冬糊口計 每敎塵土汚禪衣 年年結夏得安居 乞來民間儘有餘 坐到西風吹雨去 又携瓶錫何間閭 市中惡少 自相誇 躑倒長身似折麻 曾向奉恩庭下見 白頭今日眼昏花".

25) 喬繼堂, 『中國歲時禮俗』(天津人民出版社, 1991) 225쪽.

26) 자세한 내용은 주영하, 「생산 민속(상업, 농업, 어업)」, 『고양시 민속대관』(고양문화원, 2002)을 참조할 것.

27) 두레가 품앗이와 다른 점은 일 값을 계산하는 데 있다. 품앗이의 경우 서로 일을 해주고 그것으로 상호간의 이익을 해결하지만, 두레는 반드시 일의 정도에 따라 일 값을 치른다. 보통 일 값의 계산은 참여한 사람의 작업 일수에 따라 이루어진다. 가령 전체 두레패가 함께 일한 일수를 참여한 호수로 나누면 한 집에서 작업한 평균 일수가 나온다. 각 집의 김매기 일수가 이 평균 일수를 넘을 경우 그에 해당되는 돈을 내어놓아야 하고, 평균 일

은 '호미걸이'를 할 것인가 하는 것이었다. 호미 씻기는 보통 두레심 회의 날로부터 보름 뒤에 있는 백중일에 맞추어 열었다. 밀양의 백중놀이는 백중 때 하는 대표적인 농사 뒤풀이 놀이로 알려져 있다.[28] 하지만 이규경은 백중과 관련된 이와 같은 일들은 기록하지 않았다. 그러한 사실을 몰라서가 아니라, 백중놀이가 유행하고 있지만 백성들이 그 유래를 모르기 때문에 백중의 연원에 대해서만 밝혔을 것으로 짐작된다. 변증의 말미에서는 일본에 이와 비슷한 '오봉'お盆이란 세시 풍속이 있다는 사실을 간단히 소개하였다.

이상에서 살펴본 자료들을 통해 우리는 24절기에 근거한 월령이 왕실의 백성 관리법과도 일맥상통하고 있었음을 짐작할 수 있다. 다만 세시에 대한 이규경의 입장은 명확하지 못하다. 그는 오히려 세시가 지닌 정치적 이념에 경도되어 있는 듯이 보인다. 이규경은 「우수경칩곡우청명소만망종변증설」에서, 절기의 선후先後와 이역移易이 고금에 따라 다르다는 사실만 보여줄 뿐, 그 이면에 숨어 있는 원리나 정신에 대해서는 지적하지 못하였다. 이것이 바로 19세기 중반, 청나라를 통해 서양의 지식을 수용했으면서도 그가 쉽사리 뛰어넘을 수 없었던 왕도 정치의 한계가 아니었을까?

명절에 대한 이규경의 인식

앞에서 살핀 바와 같이 이규경은 세시와 24절기가 자연의 순리에 따라 정해진 것이라는 인식을 지니고 있었다. 이러한 그의 인식은 명절 풍속에 대해서도 그대로 이어진다. 「한식춘추이사복랍변증설」, 「도소주변증설」, 「점화옹변증설」, 「상원약반추석가회변증설」, 「판무변증설」 등에서 그 일면을 엿볼 수 있다.

「한식춘추이사복랍변증설」寒食春秋二社伏臘辨證說(卷4)에서는 한식寒食·춘추이사春秋二社·복伏·납臘이 24절기와 72후에 들지 않으면서도 역曆에 들어간 이유가 분명하지 않아 그에 대해 변증한다고 밝히고 있다. 한식은 『주례』周禮 「화정」火政에 전고가 남아 있다. 이사는 제사를 지내는 길흉의 날이고, 복은 서진西秦의 옛 풍속이다. 납은 『주례』에 나오는 사제蜡祭의 옛 법이다. 이규경은 이것들이 역曆에 들어간 때는 대체로 한나라 이후로 여겨진다고 말하였다.

민간에서는 한식을 개자추介子推가 불에 타 죽은 날이라고 한다. 그래서 그를 애도하여 불을 피우지 않고 찬 음식을 먹는다. 그러나 불을 발명한 사람은 수인씨燧人氏로, 그것은 모두 백성을 위한 일이었다. 주나라에서는 매해 중춘仲春에 불이 나는 것을 걱정하여 화금火禁을 선포했고 백성들이 이를 따랐다. 그런데 『업중기』鄴中記에는 개자추가 죽은 날이 5월 5일로 기록되어 있다. 이것이 사람들 사이에서 와전되어 3월 3일로 변했다. 이규경은, 이런 정황으로 미루어 볼 때 한식의 금화禁火는 춘절의 마지막 절기에 불을 지피는 일이 많아 화재가 날 우려가 있기 때문에 생겨난 것이라고 결론지었다. 또 한식에 조상의 묘소에 가서 제사를 지내는 우리나라 풍속은 중국의 고사에서 전래된 것이라고 밝혔다.

춘추이사春秋二社는 봄에 농사가 잘되도록 기원하고, 가을에 추수가

수와 동일할 경우 돈을 내놓지 않으며, 평균 일수보다 적을 경우 돈을 도로 받아간다. 따라서 각 집에서는 좋은 음식을 대접하면서 새벽부터 일을 독려하여 일수를 줄이려고 노력했다.

28) 밀양 백중놀이는 1980년 11월 17일 중요무형문화재 제68호로 지정되었다. 밀양에서는 '꼼배기참놀이'라고도 부른다. 이날은 '꼼배기참'이라고 하는 음식으로 머슴들을 대접하고 각종 춤과 놀이를 벌인다.

잘된 것을 보답하는 제사다. 입춘 후 제5 무일戊日을 춘사春社로 삼고, 입추 후 제5 무일을 추사秋社로 삼는다. 사社는 토곡土穀의 신神을 위한 제사를 가리킨다. 『주례』「대사도」大司徒에 따르면 방국邦國에 모두 사직을 설치하여 제사를 지내도록 했다고 한다.

춘추이사는 사직 제사와 관련이 있지만, 다른 한편으로는 민간에서 지내는 계절제와도 밀접한 관련이 있다. 남송시대에 들어오면 중국 민간의 종족 집단에서는 가묘家廟를 짓고 봄가을로 조상에게 제사를 지냈다. 이것이 『주자가례』朱子家禮의 계절제에 해당된다. 그러나 이것이 조선에 들어와서는 춘추 제사로 이어지지 못한다. 춘추이사가 왕실의 제사에서 비롯되었기 때문이기도 하지만, 조선에서는 조상의 기일제忌日祭를 더 중요하게 여겼기 때문이다. 이로 인해 춘추이사는 중국에서는 역曆에 들었지만 조선의 민간에서는 행해지지 않았다. 이규경은 이 점을 분명히 밝히지 않았지만, 춘추이사의 의미를 정리하면서 이러한 내용을 파악하고는 있었을 것으로 생각된다.

복伏은 『한서』漢書에 나온다. 복일伏日은 양기陽氣가 가장 강한 때이지만 음기陰氣가 장차 일어나기 위해 숨어 있기 때문에 지어진 이름이다. 복일에는 만귀萬鬼가 움직이므로 사람들은 이날 아무 일도 하지 않는다. 하지 후 제3 경일庚日을 초복初伏이라 하고, 제4 경일을 중복中伏, 입추 후 제1 경일을 말복末伏이라 한다. 복이란 이름은 진秦나라 때 생겼다. 한나라 역시 진나라의 풍속을 따랐고, 그래서 복일이 역에 들어갔다고 밝혔다.

그런데 이규경은 복일에 개장국 먹는 풍속은 소개하지 않았다. 비슷한 시기에 나온 『동국세시기』에는 삼복에 개장국을 먹는 것이 풍속으로 자리 잡았음이 기록되어 있다. 즉 "개를 삶아 파를 넣고 푹 끓인 것을 구장狗醬이라 한다. 닭이나 죽순을 넣으면 더욱 좋다. 또 개장국에 고춧가루를 타고 밥을 말아서 시절 음식으로 먹는다. 그렇게 하여 땀을 흘리면 더위를 물리치고 허한 것을 보충할 수 있다. 그러므로 시장에서도 이것을 많이 판다"고 했다. 또 『사기』史記에 보면, 진덕공秦德公 2년에 비로소 삼복 제사를 지내는데 성안 사대문에서 개를 잡아 충재蟲災를 막았다고 했다. 그러므로 개 잡는 일이 곧 복날의 옛 행사요 지금 풍속에도 개장이 삼복 중의 가장 좋은 음식이 되었다"는 해석이 덧붙여져 있다. 이처럼 복일에 개장국을 먹는 것은 널리 유행한 풍속이었는데 왜 이규경이 여기에 대해 밝히지 않았는지는 확실히 알 수 없다.

납臘은 다른 말로 엽獵이라고도 한다. 도가道家에서는 정월 1일을 천랍天臘, 5월 5일을 지랍地臘, 7월 7일을 도덕랍道德臘, 10월 1일을 민세랍民歲臘, 12월 정랍일을 왕후랍王侯臘이라고 하고 이를 통틀어 오랍五臘이라 부른다. 『주례』에서는 연종제年終祭의 의미로 납제臘祭를 지낸다고 했다. 우리나라 역법에서는 동지 후 제3 미일未日을 납으로 삼는데, 이수광은 『지봉유설』에서 동방東方이 오행 중 목木에 속하기 때문이라고 설명하였다. 『동국세시기』에는 납일에 종묘와 사직에서 큰 제사를 지낸다고 기록되어 있다. 납육臘肉으로는 멧돼지와 산토끼를 쓴다. 이외에 납설수臘雪水와 납약臘藥에 대한 소개도 나온다. 이로 미루어 보건대, 납일은 이규경 당시 주로 왕실에서 행해졌던 세시 풍속의 하나인 듯하다. 즉 『주례』에서 밝힌 연종제로서의 납일의 의미가 왕실 중심의 지배 이데올로기와 연결된 것으로 보인다.

「도소주변증설」屠蘇酒辨證說(卷33)에서는 당시 세주歲酒로 알려진 도소주屠蘇酒에 대해 밝히고 있다. 당시 사람들은 설날에 도소주를 마셨지만, 그 연원과 이유는 알지 못하고 있었다. 이규경 역시 당나라 손사막孫思邈의 『천금방』千金方에 도소주법屠蘇酒法이 나온다고 하나 분명하게 알 도리가 없다고 했다. 다만 매해 제야除夜에 약재를 이용해 도소주를 빚고 그것을 정월 초하루에 마셔 질병을 물리쳤다는 기록과 소동파蘇東坡와 이시진李時珍의 기록을 소개하고 있을 뿐이다. 도소주는 산초山椒·방풍防風·백출白朮·밀감피蜜柑皮·육계피肉桂皮 등을 넣어 빚는 것으로 알려져 있다.

중국 한나라 때 사람들은 정월이 되면 백주柏酒를 마셨다. 백주는 그 색으로 인해 장수를 상징한다.29) 그런데 당나라 이후 사람들은 정월 첫날에 도소주를 마셔야 일 년의 사악한 기운을 물리치고 오랫동안 살 수 있다고 믿었다. 당나라 때 서견徐堅이 편찬한 『초학기』初學記를 살펴보면 정월 초하룻날 초주椒酒를 초상椒觴에 담아 어른에게 드리면서 장수를 축원하는 풍속이 있었음을 확인할 수 있다. 그 풍속이 통일신라시대 때 우리나라에 알려졌겠지만, 구체적인 흔적은 남아 있지 않다. 그런데 고려시대에 들어오면 정초에 도소주를 마시는 풍속에 대한 기록이 여러 문헌에서 보인다.

명문장가로 유명한 고려 때의 문신 이규보도 새해를 축하하기 위해 초주를 마셨다. 이러한 사실은 『동국이상국집』東國李相國集의 "사시가 질서 있게 자연히 운행되니, 겨울이면 감춰두고 봄이면 발생하는 것 누군들 모르랴. 다섯 개의 손가락으로도 헤아릴 수 있지만, 아홉 폭 종이에 쓴 것 더할 수 없이 자세하네. 다만 설날에 초주를 바삐 들 뿐, 초양에 여정의 싹 돋아남을 묻지 말라. 책력을 받들어 군의 장수 빌겠다는 옛말 있으니, 해마다 약속대로 하려는 것 나의 진정이라오"30)라는 시에 잘 드러나 있다.

윤상 역시, "금전金殿에 봄빛이 도니 설날 햇살 따뜻한데, 선장仙仗이 어지러이 어지御墀(궁전의 뜰)를 옹호하였네. 천악天樂이 울리면서 화기가 가득하고, 상스러운 안개가 서린 곳에 속진俗塵이 걷히누나. 계찰季札이 주악周樂을 감상하던 날처럼 눈이 한껏 즐겁고, 화봉인華封人이

요임금에게 축원하던 때처럼 마음이 매우 간절하네. 초상椒觴을 많이 마시고 흠뻑 취하여, 대궐 남쪽 문밖으로 돌아갈 줄 모르네"31)라고 노래하였다.

이상의 사실로 미루어 볼 때 초주椒酒를 도소주라고 여긴 경우가 많았으리라 생각된다.

「점화응변증설」黏畵鷹辨證說(卷35)에서는 매[鷹] 그림을 방문 위에 붙여 재앙을 물리치는 풍속에 대해 적고 있다. 이규경은 "항간에는 정월 초하루가 아니더라도 세 마리의 매를 그려 방문 위에 붙여놓고 삼재三災를 물리치는 풍속이 있다"면서, 여기에 대해 변증하였다. 청나라 때의 문헌인 『지북우담』池北偶談에 따르면, 무창 땅에 사는 장씨의 며느리가 여우에게 홀렸는데, 송나라 휘종徽宗의 어필御筆로 그려진 매 그림을 당 위에 걸어놓아 살았다는 데서 이 풍속이 유래했다고 한다.

이규경 당시에는 으레 매를 그려 액막이를 하였는데, 왜 범을 그려 붙이지 않는지 궁금해 한 사람들이 있었던 것 같다. 여기에 대해 이규경은 "이는 모르는 말이다. 범이 언제 허공을 날고 가느다란 털을 관찰한 적이 있었는가. 옛적의 이름난 그림이 가끔 영험을 보였다는 말은 이전의 기록에 흔히 보이고 있으니, 송나라 휘종의 매 그림도 그런 영험이 있게 마련이다"라고 설명하였다. 우리나라 세속에 전해오는 고담古談에도 매 그림이 산 여우를 쫓았다는 이야기가 있고, 『동국세시기』에서도

---

29) 喬繼堂,『中國歲時禮俗』(天津人民出版社, 1991) 24쪽.

30) 李奎報,『東國李相國集』後集 卷5,「次韻李學士百全用丁公韻亦謝冬至曆柑子」, "四時鱗次自然行 誰昧冬藏春發生 指屈五端雖可算 紙飜九幅一何明 但忙元日椒花酌 休問初陽荔挺萌 奉曆壽君前語在 年年如約是予情".

31) 尹祥,『別洞先生文集』卷1,「詩元日付同宴次柳掌令韻」, "春迴金殿暖初暉 仙仗紛紛擁御墀 天樂動來和氣滿 瑞煙籠處俗塵微 眼醒季札觀周日 心切封人祝聖時 倒盡椒觴渾得醉 午門門外不知歸".

원단에 세 마리의 매를 그린 그림을 문설주에 붙여 삼재를 막는 풍속이 있다고 했다. 하지만 세 마리의 매(三鷹)에 대한 문제는 고구려 벽화에 보이는 삼족오三足鳥와의 연결 속에서 다시 궁구해보아야 할 필요가 있다. 여기에 대해서는 별도의 글에서 다룬다.

「상원약반추석가회변증설」上元藥飯秋夕嘉會辨證說(卷37)에서는 상원절上元節의 약밥과 추석절의 가회嘉會 놀이에 대해 변증하였다. 이규경은 우리나라에서는 명절이 되면 가묘에 시식時食을 올리고 잡절雜節에는 조상의 산소를 찾는데, 아이들이 그 이유를 물으면 답하려고 여기에 대해 변증한다고 밝혀놓았다. 상원절에 약밥을 올리는 풍속은 신라 소지왕炤知王의 고사와 관련되어 있다. 원래는 정월 오일烏日에 찰밥으로 까마귀에게 제사를 지냈는데, 그 날짜가 상원일로 바뀌었다. 잡과雜果와 유밀油蜜에다 찹쌀을 섞어 짓는 밥을 약밥이라 하는데, 이규경은 이것을 가묘에까지 올리는 것은 잘못된 풍속이라고 주장하였다. 추석은 곧 8월 15일을 말하는데, 신라사新羅史에 가배회嘉俳會에 관한 기록이 있다. 당시에는 경향京鄕과 반상班常을 막론하고 상원절을 가장 중하게 여겨 대보름이라 하고, 추석을 한가회漢嘉會라 하여 술·고기와 기타 음식을 많이 장만하여 서로 주고받았다. 그런데 이규경은 단오절과 추석에 산소를 찾는 풍속은 가락국에서 시작된 것으로, 그중에서도 단오절을 더 중하게 여겼다고 설명하였다. 또 산소를 찾는 것은 한식에도 마찬가지라고 말했다.

이 변증설은 상원절의 약밥과 추석의 가회 놀이에 대한 설명으로 보인다. 하지만 실제로는 가묘와 산소 제사에 관련된 풍속에 대한 기록이라고 할 수 있다. 앞에서도 이미 밝힌 바와 같이 고려시대와 조선시대에 일반적인 조상 제사는 산소를 직접 찾는 일과 가묘에서 제사를 지내는 일로 나누어졌다. 『고려도경』高麗圖經에 "원단과 매달 초하루, 춘추 중오

重午에 모두 할아버지와 아버지에게 제사를 지낸다. 부중府中에 그 초상을 그려놓고 중들을 데리고 범패梵唄를 노래하는데 밤낮을 계속한다"[32] 라고 기록되어 있을 정도로 조상 제사는 중시되었다. 그런데 조선 후기에 들어오면서 한식·단오·추석에는 산소를 찾고, 다른 명절에는 가묘에 제사를 지내는 풍속으로 변했음을 확인할 수 있다. 이것은 19세기 중반, 조상 제사와 관련된 실제 풍속을 알 수 있는 증거가 된다.

「판무변증설」板舞辨證說(卷11)에서는 널뛰기 놀이에 대해 변증하였다. 그런데 당시 조선의 널뛰기와 유사한 놀이가 유구국琉球國에도 있었다는 대목이 흥미롭다. 즉 청나라 주황周煌의 『유구국지략』琉球國志略에 그곳 계집아이들이 널뛰기 놀이를 한다고 적혀 있다는 것이다. 이규경 역시 "정월 16일에 남녀가 다 같이 조상의 산소를 참배한 뒤 여자들은 격구擊毬와 널뛰기 놀이를 벌인다. 널뛰기 놀이는 큰 널빤지를 나무로 된 등상凳床 위에 가로 올려놓고 두 사람이 널빤지의 양쪽 머리에 마주 서서 두 발을 굴러 하나가 솟구칠 적에 하나는 내려서게 되는데, 한 번 굴러서 4~5척 정도의 높이로 솟구쳐도 한쪽으로 기울거나 미끄러지지 않는다. 우리나라 여자들도 정월 초하루부터 15일 이후까지 아름다운 단장과 고운 옷차림으로 이 놀이를 경쟁하는데, 이름을 널뛰기 놀이라 한다. 지금 유구국은 바다가 가로막힌 수만 리 밖에 위치하여 멀리 떨어져 있지만, 그곳 여자들의 놀이가 꼭 우리나라와 같다니 매우 색다른 일이다"라며 관심을 나타냈다.

이상에서 살핀 바와 같이 민속에 대한 이규경의 관심은 민民의 행위를 구체적으로 변증하는 데 있었지, 그것을 통해 새로운 접근을 시도하려는 것은 아니었다. 이것은 곧 여러 변증들이 민속에 대한 궁금증을 해

---

32) 『高麗圖經』 卷17, 「祠宇」, "歲旦月朔春秋重午 皆享祖禰 繪其像於府中 率僧徒歌唄 晝夜不絶".

결하려는 이규경의 개인적 관심에서 비롯되었을 가능성을 보여준다. 다만 외국의 사정과 풍속에도 관심을 가지고 유구국의 널뛰기 놀이에 대해 소상히 밝히고 있는 점은 특이하다.

이규경은 당대의 지식인 중에서는 드물게 외국에 대해 지대한 관심을 보였다. 비록 외국의 풍속을 직접적인 관찰을 통해 확인하지 못했다는 한계는 있지만, 각종 문헌과 기록을 바탕으로 당대의 조선 풍속과 비교하려 한 그의 변증은 오늘날의 기준으로 보면 비교 민속학 또는 민족학의 초보적인 단계에 해당한다고 할 수 있다.

이러한 글쓰기 방식은 일제시대의 홍명희洪命熹(1888~1968)에게서도 발견된다. 특히 그는 이수광의 『지봉유설』이나 이익의 『성호사설』, 이규경의 『오주연문장전산고』 등을 즐겨 읽었고, 이와 비슷한 글쓰기를 하고 있었다는 점에서 그러한 경향의 일단을 추정할 수 있다.[33] 홍명희가 1926년에 출판한 『학창산화』學窓散話에 나오는 「혼인제도」婚姻制度, 「매음기원」賣淫起源, 「접순接脣의 유래」, 「인도사회」印度社會, 「역법」曆法 등의 글이 바로 이규경의 전통을 이어받은 글쓰기의 하나이며, 동시에 비교 민속학적 경향을 보이는 것이라 할 수 있다. 이런 의미에서 『오주연문장전산고』는 민속지적 경향을 다분히 담고 있는 글로 보아도 무방할 것이다.

이규경의 한계

앞에서 살펴본 것처럼 이규경은 세시 풍속에 대해 무척 보수적인 태도를 견지하였다. 이것은 그가 비록 정치적으로 안정된 지위에 있지는 않았지만, 왕의 지배는 천명에 의한 것이고 그 천명에 따라 세시 풍속이

정해졌다는 인식을 지니고 있었기 때문이다. 또한 당대의 최한기처럼 왕도 정치의 한계를 예리하게 판단할 만큼 정치적 철학이 확고하지 못했기 때문이기도 하다. 하지만 사물과 현상에 대한 궁금증은 그로 하여금 호기심 이상의 작업을 하도록 만들었다. 비록 『오주연문장전산고』를 쓴 목적이 단지 고정변증을 통해 문헌 기록의 진위眞僞와 이동異同을 밝히는 것이었지만, 현실의 다양한 사물과 현상에 대한 그의 관심에서 모든 변증이 비롯되었음은 분명하다.

그러나 이규경의 백과사전적인 지식 체계는 흔히 프랑스 역사에서 논의되는 '백과전서파'의 그것과는 사뭇 다르다. 주지하듯이 1751년에서 1781년 사이에 간행된 『백과전서』Encyclopédie에는 프랑스 대혁명 발발 당시, 절대왕정 시대의 구제도 즉 '앙시앵레짐'ancien régime에 대한 지식인의 반발·저항 의식이 개입되어 있었다. 즉 백과전서파는 왕권신수설에 바탕을 둔 군주제와 중세 신학과 성직자를 중심으로 한 가톨릭 지배 체제를 강력히 비판하면서 이성理性의 중요성을 강조하였고, 이것은 결국 근대 서양의 대표적인 사상인 합리적 이성주의의 기초가 되었다.

여기에 비해 19세기 중반 조선의 이규경은 비록 중국을 통해 서양의 근대적인 지식을 수용했지만, 왕도 정치에 대한 도전 의식이나 근대국가로의 희구를 지니고 있지는 않았다. 이것은 그가 세시를 설명하면서 드러냈던 태도에서도 알 수 있다.

이규경은 「여번박개시변증설」與番舶開市辨證說(卷32)에서 조선이 서양에 문호를 개방하면 만사가 잘될 것이라는 지극히 낙관적인 개방론을 펼쳤지만, 그것은 지적인 향유에 지나지 않았을 가능성이 많다. 이를 두

---

33) 강영주, 『벽초 홍명희 연구』(창작과비평사, 1999) 174쪽.

고 박희병 교수는, 이규경이 문호 개방론을 펼친 것이 마치 진보적인 것처럼 보이기는 해도 기실 아무 대책 없는 발상이라는 평가를 면하기 어렵다고 말하였다.[34] 즉 18~19세기에 활동한 최한기, 박제가, 이규경 세 사람은 비록 지배층의 수구적인 자세를 비판하면서 서양과의 교역을 강조했지만, 이것은 단지 조선 후기의 진보적인 지식인이 취할 수 있는 태도에 지나지 않았다는 것이다.

세시 풍속에 대한 인식을 통해서 확인한 바와 같이 이규경은 종래의 중국적 세계 질서를 부정하지 않았다. 그런 까닭에 중국의 시간 관념과 조선의 관념을 차별적으로 인식하지 못하고 있었다. 즉 이규경은 왕조와 시간의 상관성을 미처 파악하지 못했기 때문에 시간의 독자성을 강조하기보다는 그 연원을 밝히는 데만 집중했던 것이다. 박희병 교수는 최한기에 대해 논증하면서, 이규경을 포함한 19세기 중반의 도시 중간층 지식인들이 과감하고 진취적이며 현실의 추이에 기민하고 실용주의적인 지향을 지녔다는 사실을 인정하면서도, 이념과 주체성에 대한 고민이 없었다고 비판했다.[35]

이것은 본문에서 다룬 이규경의 세시 풍속에 대한 인식에서도 여실히 드러난다. 아울러 『오주연문장전산고』에 보이는 다른 항목에서도 고증학적인 전통에 근거한 이규경의 서술에 이념과 주체성이 결여되어 있음을 확인할 수 있다. 이것이 19세기 지식인 이규경이 지닌 한계이자 주요한 취약점이다.

앞에서도 밝혔듯이 이규경의 이러한 서술 방식은 일제시대에 이른바 '조선학'을 연구하던 지식인들에게 전수되었다. 그 대표적인 인물이 최남선과 홍명희이다. 이것은 이들이 여전히 왕도 정치의 울타리 안에 머물고 있던 이규경의 인식을 뛰어넘지 못했음을 반증한다. 즉 이처럼 현상과 연원을 연결하는 데만 초점을 맞추는 서술 방식이 계속된 것은,

비록 왕도 정치는 사라졌지만 일제의 '풍속 정치'風俗政治에 함몰된 조선 지식인의 한계를 보여주는 것이라 할 수 있다.

34) 박희병, 『운화와 근대―최한기 사상에 대한 음미』(돌베개, 2003) 47쪽.
35) 박희병, 위의 책 48쪽.

정창권 | 고려대 초빙 교수, 국문학

고려대 국문과를 졸업하고 동 대학원에서 「조선 후기 장편 여성소설 연구」로 박사 학위를 받았다. 역사 속의 여성, 하층민, 장애인 등을 연구해왔으며, 현재 고려대 초빙 교수로 재직하면서 주로 저작 활동에 몰두하고 있다. 최근에는 장애 관련 저서를 낸 뒤 그것을 다시 콘텐츠로 개발하는 데 혼신을 다하고 있다. 저서에 『한국 고전 여성소설의 재발견』, 『홀로 벼슬하며 그대를 생각하노라』, 『향랑, 산유화로 지다』 등이 있다.

이 글은 2003년 11월, 한국학중앙연구원 워크숍에서 발표한 「소수자로서의 시각 장애인과 그들의 삶」을 수정 보완한 것이다. 조선시대, 특히 조선 후기 시각 장애인의 삶과 그들에 대한 사회적 인식을 역사적으로 자세히 밝혔다는 점에서 의의를 찾을 수 있다.

조선 후기 시각 장애인의 삶과 사회적 인식

조선시대의 장애인

오늘날 우리는 장애인이란 '신체의 일부에 장애가 있거나 정신적으로 결함이 있어서 일상생활이나 사회생활을 하는 데 상당한 제약을 받는 사람'이라고 나름대로 명확하게 규정하고 있다. 하지만 고려나 조선시대 등 전통시대에는 장애인이란 용어가 존재하지 않았을 뿐더러, 그 개념조차 규정되어 있지 않았다.

전통시대에는 장애인을 대개 병에 걸린 사람 곧 병신病身이라 불렀고, 간혹 중환자나 불구자라 부르기도 하였다. 정부 차원에서는 잔질殘疾(자), 독질篤疾(자), 폐질廢疾(자)이라고 지칭하였다. 그 단적인 예로 세종 5년 2월의 기록을 살펴보자.

호조에서 아뢰기를, "지금 농망기農忙期를 만났으니, 농사에 힘써야 될 건장한 남녀에게는 모두 환자還上를 주고, 농사를 지을 수 없는 환과고독鰥寡孤獨

과 잔질殘疾·폐질廢疾 및 빌어먹는 자에게만은 진제賑濟를 주도록 해야 할
것입니다"라고 하니, 임금이 그대로 따랐다.[1]

이처럼 『조선왕조실록』을 보면 환과고독과 함께 잔질·독질·폐질
이란 용어가 빈번히 나오는데, 그것이 바로 당시 장애인을 일컫는 말이
었다.[2]

하지만 각각의 장애를 구분하는 일정한 기준이 있는 것은 아니었다.
예컨대 실록에서는 "형률 조문에 손가락 둘이 없는 것을 잔질이라 합니
다"[3] 또는 "이른바 폐질이라고 말한 것은 일지一肢를 쓰지 못하는 것이
고, 독질이란 것은 이지二肢를 쓰지 못하는 것입니다"[4]라고 규정하고
있다. 그런데 시각 장애인인 맹인의 경우를 살펴보면, 어떤 때에는 '폐
질'이라 하고 또 어떤 경우에는 '잔질·독질'이라고 하는 등 상황에 따라
달리 규정하였다. 그러므로 우리는 각각의 자료를 통해 귀납적으로 추
론해서 전통시대 장애인에 대해 살펴볼 수밖에 없는 실정이다.

그렇다면 전통시대에는 과연 어떤 종류의 장애인들이 존재했을까?
필자가 현재까지 수집한 자료를 토대로 추정해보면, 전통시대에도 오늘
날 우리가 볼 수 있는 장애인이 모두 존재했던 듯하다. 다만 부르는 명
칭이 서로 달랐을 뿐인데, 편의상 신체장애와 정신장애로 분류해서 정
리하면 다음과 같다.

먼저 신체장애의 경우 시각 장애인인 맹인과 애꾸눈이 있었고, 지체
장애인인 외다리·절름발이·꼽추(곱사등이)·난쟁이·언청이·반신불수
등이 있었으며, 청각·언어 장애인인 귀머거리와 벙어리가 있었다. 정신
장애의 경우 정신 분열에 해당하는 미친병, 정신지체라 할 수 있는 바
보, 간질인 지랄병에 걸린 사람 등이 있었다.

그런데 과거에는 의약이 발달하지 않아서 오늘날 우리가 보기에는

별것 아닌 질병이나 전염병으로 장애를 입고 목숨을 잃는 경우가 많았다. 예컨대 나병(문둥병)이나 마마(천연두), 중풍 등으로 각종 장애를 입기도 했던 것이다. 그러므로 이 경우에는 '질병(전염병)과 장애'로 분류하여 고찰해야 할 듯하다.

또 전통시대에는 양성인도 장애인의 일종으로 취급되었고, 조선조 내시로 대표되는 고자(화자) 역시 장애인으로 취급되었다. 그리고 선천성 장애아인 기형아도 있었다. 이들은 '기타 장애'로 분류해 살펴보아야 한다.

끝으로 여성 장애인은 또 다른 특수성을 갖고 있었다. 즉 여성이라는 성적 차별과 장애인이라는 차별로 인해 남성과 다른 이중적 고난을 겪기도 했던 것이다. 따라서 이들은 '여성과 장애'란 항목을 설정하여 별도로 고찰해야 할 것이다.

조선시대의 장애인 복지 정책

전근대사회는 오늘날과 달리 가족을 단위로 살아가는 가족 중심 사회였다. 당시 가족은 생산의 단위이자 소비의 단위이며, 사회 활동과 교류의 단위였다. 이에 따라 정부는 가족이 극빈자·고아·과부 등의 복지

---

1) 『世宗實錄』 5년 2월 4일條.
2) 이는 고려조에도 마찬가지였는데, 여기에 대해서는 나정희, 「중세 한국의 장애인 정책 연구 ─ 고려시대 폐질자의 경우를 중심으로 ─」(공주대 특수교육대학원 석사 학위 논문, 2001)를 참조할 것.
3) 『燕山君日記』 8년 6월 15일條.
4) 『肅宗實錄』 29년 11월 2일條.

와 자연재해에 대한 대처 등의 일차적인 책임을 지도록 하였다.

장애인 복지 정책에서도 마찬가지로 가족 부양을 원칙으로 삼아 장애인으로 하여금 가족과 더불어 살도록 하였다. 그리고 만약 그 가족에게 문제가 발생하면 친척과 이웃 등 마을 공동체가 지원해주도록 하였다. 이러한 가족 부양의 모습은 판소리 〈심청가〉에 잘 나타나 있다.

이규경은 『오주연문장전산고』에서 우리나라의 맹인은 황해도 봉산·황주 등지에 많이 산다고 했는데,5) 우연의 일치인지 심청의 아비 심학구도 황해도 황주 도화동에서 살았다.

처음에 심학구는 부인 곽씨의 헌신적인 수발로 장애를 별로 의식하지 않고 살아갔다. 곽씨는 온갖 종류의 품팔이로 가산家産을 꾸려갔는데, 그 덕분에 심학구는 행실에 전혀 흐트러진 모습을 보이지 않고 여느 남편들처럼 평범하게 살아갈 수 있었다.

또한 산후병으로 부인을 잃은 뒤에도 그는 구걸과 젖동냥으로 딸 심청을 키워냈다. 그가 한 손에는 딸을 안고 한 손에는 막대 짚고 집집마다 다니면서 "엊그제 낳은 자식 어미 죽고 젖이 없어 죽기가 가련하니, 젖 조금 먹여주소" 하고 부탁하면, 자식 있는 이웃 아낙들은 "눈 없는 노인 신세 젖 없는 아이 정경 차마 볼 수 없이 가긍하니, 어렵다 마시고 가끔가끔 찾아주오" 하고 선뜻 젖을 먹여주었다.

이처럼 조선 정부는 장애인을 가족과 더불어 살도록 하고, 그 가족에게 문제가 생기면 이웃과 친척이 도와주도록 하였다.

그와 함께 정부는 장애인을 잘 부양하면 포상하고 그렇지 않으면 무겁게 처벌함으로써 그들이 더불어 살 수 있는 풍토를 조성하였다. 태종 때 안주 땅에 살던 조존부는 어머니의 간질을 민망히 여겼는데, 어디선가 산 사람의 뼈로 치료할 수 있다는 말을 듣고 자신의 바른손 무명지를 잘라 술에 타서 마시게 하여 병을 낳게 한 일이 있었다. 이에 임금이 조

존부에게 정표를 내리고 그 집을 복호復戶하도록 하였다.6) 반대로 중종
5년에 원주 땅의 유석이란 자가 맹인 아버지를 물 속에 집어넣고 몽둥
이로 머리를 쳐 살해하자, 그를 처형함은 물론 그가 사는 고을의 읍호도
강등시켜버렸다.7)

물론 정부가 가족들에게 모든 책임을 지우고 마냥 수수방관했던 것
은 아니다. 정부는 혹시라도 장애 가족에게 문제가 발생하면 서둘러 직
접 구제를 실시했는데, 실록에서 흔히 목격할 수 있는 구휼救恤, 진휼賑
恤, 진제賑濟 등이 바로 그것이었다. 그것을 살펴보기에 앞서 정부 차원
의 종합적인 장애인 복지 정책에 대해 알아보자.

전통시대, 특히 조선시대 정부는 장애인을 자립 가능한 사람과 자립
하기 어려운 사람으로 분류하여 복지 정책을 펼쳤다. 이러한 예는 정종
2년 7월의 기록에 잘 나타나 있다.

> 환과고독·노유老幼·폐질자 가운데 산업이 있어 스스로 살아갈 수 있는 자
> 를 제외하고, 궁하여 스스로 생존할 수 없는 자는 소재지 관사에서 우선적
> 으로 진휼하여 살 곳을 잃지 않게 하라.8)

조선 후기의 대학자 정약용丁若鏞(1762~1836)의 『목민심서』牧民心書
에서도 이러한 관점을 확인할 수 있다.

> 귀머거리와 고자는 자신의 노력으로 생계를 이어갈 수 있으며, 장님은 점을

---

5) 『五洲衍文長箋散稿』卷47,「明通寺辯證說」.
6) 『太宗實錄』12년 12월 1일條.
7) 『中宗實錄』35년 7월 7일條.
8) 『定宗實錄』2년 7월 2일條.

치고 절름발이는 그물을 떠서 살아갈 수 있지만, 오직 중환자와 불구자는
돌봐주어야 한다.[9]

정약용은 이렇게 귀머거리·고자·장님·절름발이 등 직업을 갖고 자
립할 수 있는 장애인은 자립하도록 하고, 그렇지 못한 중증 장애인은 국
가에서 직접 책임져야 한다고 주장하였다. 물론 그는 위의 인용문 바로
뒤에서, 자립이 가능한 장애인에 대해서도 조세와 잡역을 면제해야 한
다고 말하였다.

우선 자립이 가능한 사람으로는 다산이 지적한 장애인들을 예로 들
수 있는데, 시각 장애인의 경우 조선 정부는 이들이 점복·독경·악기
연주 같은 직업을 갖고 스스로 먹고살도록 유도하였다. 또 필요에 따라
국가가 직접 나서서 구제하기도 하였다. 이러한 정부의 지원을 토대로
시각 장애인은 다양한 직업을 갖고 폭넓은 활동을 하였는데, 그래서인
지 여느 장애인에 비해 이들에 관한 자료는 풍부하게 남아 있다.

자립하기 어려운 사람으로는 흔히 잔질·독질·폐질 등으로 불렸던
여타 장애인을 들 수 있는데, 이들은 국가의 직접 구제를 받았다. 고려
와 마찬가지로 조선의 임금도 대대로 백성의 진휼에 많은 신경을 썼다.
그들은 왕위에 오를 때나 흉년이 들었을 때는 물론이고 평상시에도 환
과고독과 함께 장애인을 우선적으로 구제하도록 신하들에게 당부하였
다. 다음은 『조선왕조실록』 연산군 8년 11월의 기록인데, 여기에는 그
러한 사실이 잘 나타나 있다.

금년의 흉년은 중외中外가 한결같으니 흉년에 대비하는 정사를 마땅히 서둘
러야 하겠다. 그 가운데에서도 환과고독이나 폐질자로서 의지할 데 없는 사
람을 먼저 진휼하라.[10]

이 밖에도 정부는 장애인에 대한 다양한 복지 정책을 실시했는데, 조세와 부역, 잡역을 면제했을 뿐 아니라 노비에게는 신공을 면제해주도록 하였다. 또 장애인에게는 형벌을 가하지 않고 베로 대신 받거나 사형을 시키지 않고 유배를 보내는 속(감)형 제도를 두었으며, 연좌제에서도 면제하도록 하였다. 또 시정侍丁(봉족) 곧 부양자를 제공하고, 때때로 노인과 장애인을 위한 잔치를 베푸는 등 장애인 우대 정책을 실시하기도 하였다. 그뿐 아니라 동·서 활인원과 제생원 등 구휼 기관을 설치하여 위기에 처한 장애인을 구제하기도 하였다.

우리는 흔히 전통시대의 사회복지가 그야말로 임시방편적이거나 군주의 생색내기에 불과했다고 인식하고 있다. 하지만 실제 고려와 조선 정부는 극빈자와 장애인의 복지를 위해 폭넓고 지속적인 정책을 펼쳐왔다. 다만 시대에 따라 차이가 있었을 뿐인데, 조선 전기만 하더라도 위와 같이 자립 가능한 사람과 자립이 어려운 사람으로 분류하여 나름대로 체계적인 복지 정책을 실시하였다. 하지만 후기로 갈수록 그러한 정책이 퇴색하여 왕의 지시 횟수가 줄어들었을 뿐 아니라 관리들의 농간도 점점 심해졌다. 이러한 사실은 숙종조에 박만정朴萬鼎이 기록한『해서암행일기』海西暗行日記에 잘 나타나 있다.

굶주린 백성에게 지급하는 무상 양곡도 심히 불공평하여 환과고독이나 폐질자는 구호 대상자 명부에서 누락되고, 향천의 양반으로 미력하나마 권세만 있으면 부호일지라도 모두 구호 대상에 들어 있습니다.[11]

---

9) 丁若鏞, 『與猶堂全書』 卷5, 『牧民心書』, 「愛民六條」 寬疾.

10) 『燕山君日記』 8년 11월 27일條.

11) 朴萬鼎, 『海西暗行日記』, 「書啓·別單」條.

그리하여 조선 말기로 갈수록 장애인의 지위가 하락하고, 판소리나 가면극에 나타난 것처럼 장애인에 대한 일반 사람들의 인식도 비하적으로 바뀌었던 듯하다.[12]

선행 연구사와 이규경의 고증

전통시대 장애 문제에 대한 연구는 거의 이루어지지 않은, 그야말로 불모지에 가까운 상태에 놓여 있다. 기껏해야 시각 장애인에 대해서만 간간히 연구가 이루어졌는데, 그것은 시각 장애인에 관한 자료가 그나마 풍부하게 남아 있기 때문인 듯하다. 선행 연구들을 간략히 살펴보면 다음과 같다.

우선, 근대의 손진태는 「맹격고」盲覡考란 글을 통해 고려에서 조선조까지 맹인 삶의 역사적 전승 양상을 검토하였다. 그는, 이 시기 맹인은 점복과 독경으로 민중들의 신앙생활을 담당했는데 그들은 당시 사회에서는 없어서는 안 될 필수적인 존재였으며, 이처럼 맹인이 신앙생활을 담당한 것은 조선만의 독특한 현상이라고 하였다.[13] 비슷한 시기에 이능화도 '도교와 맹인의 관계'를 규명하면서 점복과 독경을 하는 맹인의 존재를 간략히 지적하였다.[14]

현대에 들어와서는 김영진이 점을 치는 맹인인 판수에 대해 집중적으로 고찰하였다. 그는 판수의 어원과 발생 시기 및 형성 과정 등을 검토하여 손진태의 논의를 좀 더 체계화시켰다.[15] 특수교육학자인 임안수는 손진태의 논의를 참조하되, 보다 많은 관련 자료와 근·현대 맹인의 직업사를 추가하여 「한국 맹인 직업사 연구」라는 박사 학위 논문을 제출하였다. 그는 특히 신분적·제도적 관점에서 맹인 직업사의 변천 양상을 고찰하였다.[16] 이 밖에도 그는 「이조시대의 맹인들」,[17] 「맹인 명칭고」[18] 등을 발표하며 한국 시각 장애인의 역사에 대해 지속적으로 연구를 진행해왔다.

이처럼 전통시대 장애에 관한 연구는 시각 장애인을 중심으로 이루어져왔다. 하지만 그것조차 당시의 시각 장애인이 처한 역사적 환경이나 시대별 편차를 고려하지 않은 것이었다. 또한 직업이나 신분 제도에 치중한 나머지 정작 중요한 것, 즉 그들이 어떻게 살았는지에 대한 고찰에는 소홀하였다.

본고에서는 『오주연문장전산고』와 여타 자료를 토대로 조선시대 시각 장애인의 삶과 그들에 대한 사회적 인식에 대해 집중적으로 검토하고자 한다. 이규경은 장애나 질병에 대해 큰 관심을 갖고 『오주연문장전산고』에서 고증을 시도했는데, 조선 전기의 사방지舍方知라는 양성인 이야기라든가 두역痘疫, 곧 마마의 신에 대한 집요한 고증이 대표적이다. 특히 「명통시변증설」明通寺辨證說(卷47)에는 조선조 시각 장애인에 관한 역사적 사실이 종합적으로 반영되어 있다.[19] 그 내용을 순서대로 정리하면 다음과 같다.

첫째, 조선조 시각 장애인은 황해도 봉산·황주 등지에 많이 살았는데, 그곳에 땅이 꺼지는 재변이 있었기 때문이다. 둘째, 시각 장애인의

---

12) 이에 대한 좀 더 자세한 논의는 뒤에서 이루어질 것이다.

13) 손진태, 「맹격고」, 『손진태선생전집』 제2권(태학사, 1981).

14) 이능화, 『조선 도교사』(보성문화사, 1981).

15) 김영진, 「판수고」, 『민속어문논총』(계명대출판부, 1983).

16) 임안수, 「한국 맹인 직업사 연구」(단국대 박사 학위 논문, 1986).

17) 임안수, 「이조시대의 맹인들」, 『재활과학연구』 제7집(대구대 재활과학연구소, 1986).

18) 임안수, 「맹인 명칭고」, 『시각장애연구』 제13집(한국시각장애연구회, 1997).

19) 『五洲衍文長箋散稿』 卷47, 「明通寺辯證說」.

생계 활동, 곧 직업과 사회생활이 잘 나타나 있다. 당시 시각 장애인은 의식주를 해결하기 위해 점복을 배우고, 겸하여 독경을 하기도 하였다. 셋째, 이름난 시각 장애인 점복자로는 홍계관·유은태·함순명·합천맹 인 등이 있었다. 넷째, 시각 장애인의 사회적 지위에 대해 언급되어 있 는데, 아무리 재상일지라도 그들에게 '너'라고 하지 않고 중인 정도로 대했으며, 임금이 행차할 때 그들이 도포를 입고 나가 배웅과 마중을 하 기도 하였다. 다섯째, 그들의 가정과 여가 생활에 대해서도 나타나 있 다. 시각 장애인도 자녀를 잘 키웠으며, 각종 놀이도 일반인과 다를 바 없이 잘하였다. 여섯째, 예술적 업적에 관한 내용도 있는데, 대표적으로 시인 김성침과 그의 부인 홍씨를 들고 있다. 일곱째, 조선 전기의 맹인 단체인 명통시明通寺에 대한 사실을 『용재총화』慵齋叢話의 내용을 인용 하여 소개했으며, '시'寺의 호칭에 대해서도 설득력 있게 변증하였다.

이규경이 본 시각 장애인의 실제 삶

맹인의 삶

조선시대의 시각 장애인에는 두 눈을 실명한 맹인과 한쪽 눈을 실명 한 애꾸눈이 있었다. 맹인은 소경·봉사·장님 등으로 불렸고, 고자瞽 瞽·판수 등으로 불리기도 하였다.

조선 정부가 장애인 부양의 일차적 책임을 가족에게 맡기는 정책을 실시함에 따라 이들 시각 장애인은 기본적으로 가족공동체에서 평범하 게 살아갔다. 부유한 이는 노비까지 소유하고 여염에서 일반 사람들과 더불어 희로애락을 겪으며 살았던 것이다. 이규경의 『오주연문장전산 고』에 따르면, 그들은 특별한 보장구 없이도 아이를 낳고 잘 키웠으며 각종 놀이도 잘하였다고 한다. 또 여성 시각 장애인은 바느질이나 길쌈 등을 잘하였다.

> 그들이 자녀를 낳았을 경우엔 손으로 만져만 보고도 곱고 미운 것을 알며, 조그마한 칼을 손에 쥐고 종이를 잘라 인형을 조각하는 데도 오체五體가 온전하여 치수도 틀리지 않게 한다. 그리고 부싯돌을 치고 담배를 써는 일, 투전·골패·쌍륙·장기 등의 놀이도 일반인과 다를 바 없이 잘한다. 여자 맹인 또한 바느질과 길쌈하는 일이 눈 밝은 여자보다 낫다. 정신이 한번 이른 곳에는 형체가 없는 것을 마음으로 보아서 백체百體에 보이는 눈이 있다. 속담에 '장님은 상상으로 눈을 삼고 속으로 본다' 하였으니, 그 말이 거짓이 아닌가 보다. 또한 석가가 이른바 육근六根(眼·耳·鼻·舌·身·意)이 서로 작용한다고 한 말이 이런 경우를 일컫는 것이 아닌가 싶다.[20]

심지어 어떤 이는 영남 지방을 두루 돌며 점을 치다가 서울로 돌아와서 그 지방의 아름다운 경치를 눈으로 본 듯이 들려주고, 또 어떤 이는 수십 명과 함께 금강산 구경을 갔다가 돌아오기도 하였다.[21] 이 가운데 두 번째 경우의 일화를 살펴보자. 이 이야기는 『태평한화골계전』太平閑話滑稽傳과 『해동잡록』海東雜錄에 실려 있다.

> 한 장님이 수십 명과 같이 금강산에 갔다가 돌아왔다. 어떤 사람이 유점사의 기둥과 지붕의 형태를 물으니 대답하는 사람이 아무도 없었다. 오직 장님이 말하기를 "불전의 기왓골이 120개이다" 하여 사람들이 그 까닭을 물

---

20) 『五洲衍文長箋散稿』卷47, 「明通寺辯證說」.
21) 徐居正, 『太平閑話滑稽傳』(태학사, 1998) 174~175쪽.

으니, "처음 갔을 때 갑자기 소나기가 내려 기왓골에서 떨어진 물이 땅을 파 오목하게 되었다. 내가 그것을 더듬어 세어보아 알게 된 것이다"라고 대답하였다.[22]

이처럼 조선조 시각 장애인은 일반인과 함께 먼 여행을 다녀오는 등 장애를 별로 의식하지 않고 살아갔다.

특히 정부는 이들 시각 장애인을 자립 가능한 장애인으로 분류하여 직업을 갖고 자립하도록 유도했는데, 이에 따라 그들은 다양한 직업을 갖고 생계를 꾸려가는 한편 폭넓은 사회활동을 펼치기도 하였다. 그러므로 본고에서는 직종별로 나누어 그들의 삶과 그들에 대한 사회적 인식을 구체적으로 살펴보기로 한다.

1. 점복가

조선조 시각 장애인은 대부분 점치는 것을 업으로 삼았다. 이규경의 글에도 기록되어 있듯이, 이 시기 시각 장애인은 의식주를 해결하기 위해 주로 점복을 하고, 겸하여 독경을 하기도 했다. 대개 그들은 산통算筒과 점대[筴]를 휴대하고 지팡이를 짚고 길거리에 다니면서 '신수들 보시오'(問數) 하고 외쳤으며, 점을 쳐주고 양식을 받았다고 한다.[23]

이 시기 사람들은 실명하면 곧 점복을 배워 훗날의 생계를 도모했던 듯하다. 게다가 점복이 천시되기 이전인 조선 중기까지는 양반층도 그러했던 듯한데, 허균許筠의 『성소부부고』惺所覆瓿藁 권7 「탐원와기」探元窩記의 주인공 이광의李光義가 그 대표적인 인물이라 할 수 있다.

이광의는 사족 출신이자 개국좌명開國左命의 후손으로 대대로 충의위가 되어 녹봉을 받았으나, 갑자기 눈병이 들어 두 눈의 시력을 잃고 말았다. 그래서 운명을 추측하는 술법을 배웠다. 한데 그 술법이 매우 신이하여 점을 쳤다 하면 모두 다 들어맞았다. 임란 때에는 강원도 이천에서 전쟁의 화를 피했는데, 번번이 왜적이 쳐들어올지를 미리 점쳐 사람들을 구하였다. 이에 사람들이 그를 신神이라 불렀다. 그는 평안도 중화에 있는 자신의 집 이름을 '탐원와'探元窩라고 했는데, 이는 '근원을 탐색하여 뭇 사람을 교화한다'는 글귀를 취하여 지은 것이었다.[24]

조선조에는 점복이 널리 성행하였다. 이 시기 사람들은 병이 들면 먼저 점복가를 불러 그 길흉을 점쳤을 뿐 아니라 유명한 점복가를 만나면 집으로 초대하여 식구들의 운명을 점쳐보기도 했다.[25] 또 과거를 보러 가기 전에 미리 급제 여부를 묻거나 자신의 운명이 언제 바뀔지 물어보기도 하였다.[26] 심지어 어떤 사람들은 옥중에 갇힌 성춘향처럼 해몽을 부탁하기까지 하였다.[27]

점을 보는 사람, 곧 고객층도 위로는 왕실과 양반층에서부터 아래로는 기녀층에 이르기까지 폭넓게 분포되어 있었다. 특히 조선 전기만 해도 임금은 점복을 꺼리지 않아서 늘 맹인 점복자를 가까이했는데, 지화의 경우 태종·세종·단종 3대에 걸쳐 활약하였다.

지화池和는 신수점을 치는 맹인 점복자로, 젊어서부터 길흉을 잘 알아맞히는 것으로 소문이 나 태종대부터 궁중에 출입하였다. 그는 양반가를 돌아다니며 궁주의 배필이 될 남자의 팔자를 조사하는 등 왕실의

22) 權鼈, 『海東雜錄』, 『大東野乘』Ⅴ(민족문화추진회, 1973) 435쪽.
23) 『五洲衍文長箋散稿』卷47, 「明通寺辯證說」. 이 밖에 맹인의 점복은 신재효가 정리한 〈춘향가〉, 『신재효 판소리사설집』(민중서관, 1978, 71~73쪽)와 1890년대 영국의 비숍이 조선을 답사하고 쓴 『한국과 그 이웃나라들』(살림, 1994, 462~463쪽)에 잘 나타나 있다.
24) 許筠, 『惺所覆瓿藁』卷7, 「探元窩記」.
25) 申炅, 『再造蕃邦志』, 『大東野乘』Ⅸ(민족문화추진회, 1973) 88쪽.
26) 李濟臣, 『淸江先生鯸鯖瑣語』, 『大東野乘』ⅩⅣ(민족문화추진회, 1973) 406~407쪽.
27) 〈춘향가〉, 『신재효 판소리사설집』(민중서관, 1978) 71~73쪽.

간택 작업에도 참여하였다.[28] 세종대에도 그는 국가의 중대사와 혼인 문제에 관여하였는데, 임금은 신하들의 반대에도 불구하고 그에게 중훈 검교첨지내시부사中訓檢校僉知內侍府事란 벼슬을 내리고 사옹원 사직의 일을 맡아보게 하였다.[29]

이처럼 점복이 널리 성행하였기 때문에, 조선 전기와 중기에는 이름난 맹인 점복자가 계속해서 출현하였다. 조선 전기의 인물로는 지화 외에 김학루·홍계관·김숙중·김효순·김효명 등을 들 수 있다.

김학루金鶴樓는 세종대에 경상도 하양현에서 살았다. 그는『명경수』明鏡數로 점을 친다고 스스로 말하였는데, 사람의 수요화복壽夭禍福을 잘 알아맞혔다. 그래서 임금이 서울로 오게 하여 만나보고는 특별히 집을 하사하였다.[30]

『명경수』란 조선 전기의 유명한 점복 책이었다. 당시 이름난 맹인 점복가는 모두 이것을 터득하여 점을 친다는 소문이 돌았는데, 그런 까닭에 임금이 한사코 그 책을 구하고자 하였다. 예컨대 세조 때 장득운이란 자가 점을 아주 잘 쳤는데, 사람들이 모두 그가『명경수』로 점을 친다고 하였다. 이에 조정에서 그 책을 가져오라 하였으나 장득운이 본래부터 없었다고 대답하므로 옥에 가두어 고문했지만 결국 나오지 않았다고 한다.[31]

김학루의 점복에 얽힌 일화는 상당히 많이 남아 있다. 한번은 남지南智가 안평대군을 찾아가 자기 딸과 대군의 아들 이우직의 혼사 문제를 의논하였다. 남지는 혹시라도 모르니 선을 한번 보고 결정하자고 말했지만, 안평대군은 듣지 않고 무작정 허락했다. 남지가 다시 김학루의 점괘, 곧 '그대(남지)에게 두 딸이 있는데 모두 외짝인지라 일생을 같이 보내기 어렵다'라는 말을 들어 신중하기를 요청해도 안평대군은 끝내 그 말을 받아들이지 않았다. 그런데 이태 뒤에 안평대군이 단종 복위 사건에 연루되어 사형을 당하고, 그 아들 이우직도 함께 화를 당하고 말았다. 김학루의 점괘가 그대로 들어맞았던 것이다.[32] 이 밖에도 그는 황희의 아들 황수신과 김겸광의 앞날을 점쳐 맞히기도 하였다.[33]

홍계관洪繼寬은 세조 연간에 활약했던 사람으로, 홍윤성의 평생 운수를 알아맞혔을 뿐 아니라, 자기 아들의 목숨을 구한 사실로도 유명하였다.[34] 한번은 이런 일도 있었다. 그가 쥐 한 마리를 다섯 마리라고 말했다가 사형을 당하기 직전, 쥐의 배를 갈라 확인해보기를 원했다. 그 쥐를 잡아 배를 갈라보니 과연 새끼 네 마리가 들어 있어 어미 쥐와 합해 다섯 마리였다. 이 일이 있은 뒤로 세상에서는 그를 신복神卜이라 불렀다.[35]

김숙중金叔重은 세조에서 성종대 사이에 활약한 인물인 듯한데, 살인 죄를 지은 박운손의 벼슬길과 명수命壽를 알아맞혀 널리 알려졌다.[36] 김효순金孝順도 김숙중과 동시대 인물인데, 성임과 이관우의 명수를 점쳐서 맞혔다.[37] 김효명金孝明은 중종대 사람으로 추정되는데, 채무일과 이거 등 과거 급제자를 미리 알아맞힌 것으로 유명하였다.[38]

28) 『太宗實錄』17년 9월 2일條.
29) 『世宗實錄』18년 10월 5일條.
30) 『世宗實錄』23년 11월 3일條.
31) 『世祖實錄』3년 3월 29일條. 成俔, 『慵齋叢話』, 『大東野乘』Ⅰ (민족문화추진회, 1973) 84쪽.
32) 許筠, 『海東野言』, 『大東野乘』Ⅱ (민족문화추진회, 1973) 296~297쪽.
33) 김현룡, 『한국문헌설화』제5권(건국대출판부, 2000) 468쪽.
34) 김현룡, 위의 책 473~474쪽. 劉在建, 『里鄕見聞錄』下(자유문고, 1996) 483~484쪽.
35) 『五洲衍文長箋散稿』卷47, 「明通寺辯證說」.
36) 成俔, 『慵齋叢話』, 『大東野乘』Ⅰ (민족문화추진회, 1973) 200~201쪽.
37) 成俔, 위의 책 201쪽.
38) 魚叔權, 『稗官雜記』, 『大東野乘』Ⅰ (민족문화추진회, 1973) 488쪽. 李濟臣, 『淸江先生鯸鯖瑣語』, 『大東野乘』ⅩⅠ (민족문화추진회, 1973) 407쪽.

조선 중기의 이름난 맹인 점복가로는 장순명張順命을 들 수 있다. 그는 광해군 때 활약한 인물인데, 이항복의 제자 최명길·이시백·장유 등의 운명을 알아맞혀 이름을 드날렸다.[39]

물론 맹인 점복가라고 해서 모두 점을 잘 친 것은 아니었다. 성종대에 김을부金乙富라는 늙은 맹인이 있었는데, 광통교 옆에 살면서 점치는 것을 업으로 삼았다. 사람들이 다투어 점을 쳤으나 맞지 않는 것이 너무 많았다. 이에 부인들이 '광통교의 맹인 점쟁이는 흉하다 하면 길하다'라고 비꼬아 말하기도 하였다.[40]

『어우야담』於于野談에는 맹인 점복가 두타비에 관한 일화가 실려 있다. 그는 실명한 뒤 점치는 것을 배우긴 했으나 재주가 짧아 명성을 얻지 못하고 구차하게 얻어먹으며 살았다. 하지만 다행히 재상이 된 죽마고우의 기지로 명점술가가 되어 나중에는 임금으로부터 지극한 상을 받기에 이른다.[41] 이 일화에서 우리가 놓쳐서는 안 될 부분이 있는데, 그것은 두타비의 죽마고우가 재상이 되어서도 장애가 있는 친구를 잊지 않았다는 점이다.

한편 이들 맹인 점복가는 관상감 소속의 명과학命課學이란 관직에 진출할 수도 있었다. 세종 27년 3월, 의정부에서는 점복을 하는 맹인 10명을 골라 서운관에 소속시킬 것을 건의하여 임금의 허락을 받았다.

의정부에서 예조의 정문에 의거하여 아뢰기를, "명과학을 하는 장님 중 나이 젊고 영리한 자 10인을 골라 서운관書雲觀에 소속시키고 훈도 4~5명을 두고 사흘마다 한 번씩 모여서 그 업을 익히게 하소서" 하니, 임금이 그대로 따랐다.[42]

이후 세조대에 서운관은 관상감觀象監으로 이름이 바뀌지만, 성종 2

년까지도 명과학에 체아직 2명, 생도 10명이 계속 근무한다. 그리하여 『경국대전』에 "명과 맹인은 서쪽 반열의 9품 체아직으로 2명인데, 1년에 4차례의 도목이 있어 돌아가면서 임명하며, 출근 일수가 400일이 되면 품계를 올려주되 단 천인 출신은 종6품에 그친다"라고 국법으로 규정하기에 이르렀다.[43]

이상과 같이 조선시대 사람들은 실명하면 대개 점복을 배워 점치는 것을 생업으로 삼았고, 조선 전·중기까지만 해도 계층을 불문하고 점복이 널리 성행했기 때문에 이름난 맹인 점복가가 많이 나왔다. 나아가 국가적으로도 시각 장애인의 복지에 적잖은 노력을 기울여서 명과학이란 관직을 설치하여 정기적으로 관직과 녹봉을 주기도 하였다.

2. 독경자

시각 장애인은 경經을 읽어 생계를 도모하기도 하였다. 그에 앞서 시대에 따른 맹인의 점복과 독경의 관계에 대해 잠시 살펴볼 필요가 있다. "맹인들은 으레 점복을 배우고, 겸하여 경문이나 주문을 외워 생활을 영유하였다"라는 『오주연문장전산고』의 지적처럼, 조선 후기 시각 장애인은 대부분 점복과 독경을 함께 하였다. 그러나 앞에서 보았듯이 조선 전기 시각 장애인은 일부 점복과 독경을 겸하기도 했으나 대개는 각각 따로 하였다. 물론 독경하는 맹인도 점복을 하기는 했지만, 그들이 주로 하는 일은 역시 독경이었다. 그러므로 본고에서도 이들을 분리해서 고

---

39) 『記聞叢話』 제5권(아세아문화사, 1999) 110~111쪽.
40) 成俔, 『慵齋叢話』, 『大東野乘』 I (민족문화추진회, 1973) 204~205쪽.
41) 柳夢寅, 『於于野談』(한국문화사, 1996) 175~176쪽.
42) 『世宗實錄』 27년 3월 5일條.
43) 『經國大典』, 『吏典』, 「觀象監」條.

찰하고자 한다.

조선 전기에 독경하는 맹인, 곧 맹인 독경자는 모두 삭발을 했으므로 맹승盲僧이라 불렸고, 혹은 『용재총화』의 기록처럼 선사禪師라 불리기도 하였다.

독경 맹인은 모두 머리를 깎았으므로 선사라 불렀다.[44]

그런데 이능화에 따르면 맹승은 곧 도류승道流僧이자 도교와 밀접한 관련을 지닌 인물이었다고 한다.[45] 실제로 서거정徐居正의 『필원잡기』筆苑雜記를 보면 그들이 도교의 한 부류였음을 알 수 있다.

어떤 사람이 내게 묻기를 "중국에서는 불교와 도교가 병행하고 있으나 도교가 더욱 성하고, 우리나라에서는 불교는 비록 성하나 도교는 전무한 형편이다. 만약 두 개의 법이 병행한다면 나라는 작고 백성은 가난한데 장차 어찌 견디겠는가" 하였다. 내가 말하기를 "우리나라의 소격서와 마니산의 참성에서 지내는 초제醮祭 같은 것은 곧 도가의 일종이다. 중외를 통하여 항간에서 도복을 입고 도언을 말하는 사람은 없으나, 사대부 집에서 매양 정초에 복을 빌고 건축·영선營繕(수선) 등과 같은 일에 재앙을 제거하려고 비는 데에도 반드시 맹인 5~7명을 써서 경문을 읽는데, 그 축원하는 바가 모두 성숙星宿과 진군眞君의 부류이며 거기에 제공되는 비용이 적지 않으니, 우리나라에서 도교가 행해지지 않는다고 말하는 것은 사물을 잘 헤아리지 않은 것이다. 맹인들이 복을 빌고 재앙을 물리치는 것은 옛사람에게서 본 바 없고, 중국에서도 행해지지 않는다. 다만 우리나라의 시속에서 서로 전수되는 하나의 고사이다" 라고 하였다.[46]

이처럼 독경하는 맹인은 도교의 한 부류였다. 이들은 정초에 복을 빌어주고 집을 짓거나 수선하는 일에 참여하여 재앙을 제거해주었는데, 이처럼 맹인이 독경을 하는 것은 중국에서는 행해지지 않는 우리만의 독특한 풍습이었다.

또한 서거정은 사대부 집에서 이들을 불러 축원하는 일에 비용이 꽤 많이 든다고 했는데, 그래서인지 맹인 독경자 중에는 경제적으로 부유한 이들도 있었다. 조선 전기에 한 독경하는 맹인이 이웃 사람에게 부탁하여 예쁜 첩을 얻으려고 했으나 여자 쪽에서 재물을 많이 요구하였다. 그럼에도 그는 '재산을 기울여 파산에 이를지언정 어찌 인색하게 하리오' 하면서 집안에 있는 재물을 모두 주기로 하고 만나기를 약속하였다. 하지만 아내가 이를 알고 예쁘게 단장한 뒤 신방에 들어감으로써 그의 계획은 허사로 끝나고 만다. 즉 그는 아내와 두 번 혼인한 셈이었다.[47] 이 이야기로 미루어 보면 맹인 독경자 중 재산을 축적한 사람이 적지 않았음을 추측할 수 있다.

맹인 독경자들은 복을 빌고 재앙을 물리치는 일 외에 질병을 치료하는 일도 하였다. 세종 2년 6월, 대비의 환후가 심해지자 임금은 맹승 7명을 불러 삼십품도량三十品道場을 배설하고 정성껏 기도했으며,[48] 그달 11일에도 도류승 14명을 불러 도지정근桃枝精勤을 베풀었다.[49] 도지정근이란 복숭아 가지 신장대로 귀신을 쫓는 일을 말하는데, 그 모습은 비

44) 成俔, 『慵齋叢話』, 『大東野乘』 I (민족문화추진회, 1973) 204쪽.
45) 이능화, 『조선 도교사』(보성문화사, 1981) 259쪽.
46) 徐居正, 『筆苑雜記』, 『大東野乘』 I (민족문화추진회, 1973) 336쪽.
47) 成俔, 『慵齋叢話』, 『大東野乘』 I (민족문화추진회, 1973) 127쪽.
48) 『世宗實錄』 2년 6월 1일條.
49) 『世宗實錄』 2년 6월 11일條.

록 근대의 기록이지만 이능화의 『조선 도교사』에 비교적 상세히 묘사되어 있다.[50]

특히 조선조 서민들은 병이 나면 의약을 구하지 않고 먼저 소경이나 무당을 찾아갔다. 그래서 '양반의 병에 소경이나 무당에게 물으러 가면 반드시 죽고, 상사람의 병에 의약을 구하러 가면 병자가 반드시 죽는다'라는 속담이 나돌기도 하였다.[51] 이는 당시에 의학이 발달하지 못한 탓도 있겠지만, 일반 서민들에게는 굿이나 기도 같은 민간신앙이 의술보다 더 가깝고 편했던 탓도 있었을 것이다. 이러한 서민층의 질병 치료법은 판소리 〈변강쇠가〉에 잘 나타나 있다. 다음은 변강쇠가 장승을 패어다가 불을 땐 뒤 동티가 나서 꼼짝달싹도 못하게 되자 옹녀가 맹인 독경자를 불러 점을 치고 경을 읽게 하는 장면이다.

여인이 겁을 내어 병도 하 무서우니 문복問卜이나 하여보자. 경채經債 한 냥 품에 넣고 건넛마을 송봉사 집 급급히 찾아가서, "봉사님 계옵시오." 봉사의 대답이란 게 근본 원수진 듯이 하는 법이었다. "게 누구랑께." "강쇠 지어미오." "어찌." "그 건장하던 지아비가 밤사이 얻은 병이 곧 죽게 되었으니 점 한 장 하여 주오." "어허, 말 안되었네. 방으로 들어오쇼." 세수를 급히 하고 의관을 정제 후에 단정히 꿇어 앉아 대모산통 흔들면서 축사祝辭를 외는구나. …… 산통을 누가 뺏아 가는지 주머니에 부리나케 넣고 글 한 귀 지었으되, '사목비목 사인비인'이라. "나무라 할까 사람이라 할까, 어허, 그것 괴이하다." 강쇠 아내 이른 말이, "엊그제 남정네가 장승을 패 때더니 장승 동증인가 뵈다." "그러면 그렇지. 목신이 난동하고 주작이 발동하여 살기는 불가망이나 원이나 없이 독경이나 하여보소." 강쇠 아내 이 말 듣고, "봉사님이 오소서." "가지."

저 계집 거동 보소. 한걸음에 급히 와서 사면에 황토 놓고, 목욕하며 재계하

고, 빤 의복 내어 입고, 살망떡과 실과 채소 차려놓고 앉았으니, 송봉사 건
너온다. 문 앞에 와 우뚝 서며, "어디다 차렸는가." "예다 차려놓았소." "그
러면 경 읽제." 나는 북 들여놓고 가시목 북방망이 들고, 요령은 한 손에 들
고, 쨍쨍 울리면서 조왕경, 성조경을 차례대로 읽은 후에 동진경을 읽는구
나. …… 삼칠편을 얼른 읽고 왼편 발 턱 구르며, "엄엄급급 여율령 사바하
쉐." 경 다 읽은 후에, "자네 경채를 어이하려나." 저 계집 이른 말이, "경채
나 서울 빚이나 여기 있소." 돈 한 냥 내어준다.[52]

이렇게 서민들은 병이 나면 우선 소경이나 무당을 찾아갔다. 그러면
맹인 점복자는 점을 쳐서 병의 원인을 찾아내고 경문을 읽어 치료해준
다음, 돈이나 베, 양식 등으로 경채를 받아갔다.

한편 조선 전기 맹인 독경자는 명통시明通寺란 집회소를 두고 매달
초하루와 보름날에 한 번씩 모여 경문을 외며 축수를 하였다. 그 조직
내부의 위계질서도 매우 엄격해서, 높은 사람은 당堂에 들어가고 낮은
사람은 문을 지키며 겹문에 창戟을 세워 사람들이 들어가지 못하게
했다고 한다.[53] 이규경은 "도성 안의 남쪽 영희전永禧殿 뒷길에 하마비
下馬碑가 있고 그 건너편에 이른바 맹청盲廳이 있으니, 이것이 옛날 명통
시가 아닌가 싶다"[54]라고 하여 조선 후기의 맹청[55] 자리를 명통시가 있
던 위치라고 보았다.

50) 이능화, 『조선 도교사』(보성문화사, 1981) 266~267쪽.
51) 이능화, 위의 책 265쪽.
52) 〈변강쇠가〉, 『신재효 판소리사설집』(민중서관, 1978) 563~565쪽.
53) 成俔, 『慵齋叢話』, 『大東野乘』 I (민족문화추진회, 1973) 125~126쪽.
54) 『五洲衍文長箋散稿』 卷47, 「明通寺辯證說」.
55) 조선 후기 맹청에 대해서는 임안수, 「맹인 명칭고」, 『시각장애연구』 제13집(한국시각장
    애연구회, 1997) 51~54쪽을 참조할 것.

명통시는 조선 정부가 시각 장애인을 위해 설립한 것이었는데,[56] 태종 17년에는 그곳을 보수하고 노비 10구를 지원해주기도 하였다.

선공감에 명하여 명통시를 다시 짓게 하고 이어서 노비 10구를 주니, 오부 五部의 맹인이 모이는 곳이기 때문이다.[57]

이 단체가 국가로부터 위임받은 일은 가뭄이 들 때 기우제祈雨祭를 지내는 것이었다. 조선 후기인 영조 21년에 맹인과 관련된 국가적 제사를 완전히 철폐하기 전까지, 역대 임금은 명통시의 맹인들로 하여금 기우제를 지내게 하고 쌀이나 베 같은 물건을 포상으로 내려주었다.

중들을 흥천사興天寺에, 무당들을 한강에, 맹인들을 명통시에 각각 모아 기우하였다.[58]

명통시에서 기우하던 맹인들에게 쌀 30석을 내렸다.[59]

이처럼 명통시는 일종의 공적 기관에 가까운 단체였다. 비록 조선 중기 이후 폐지되고 조선 후기엔 맹청이란 민간단체로 그 성격이 변하였지만, 지금으로부터 600여 년 전에 벌써 시각 장애인 단체가 존재하고 국가에서도 이를 적극 지원했다는 사실은 충격적이지 않을 수 없다.

3. 악사

이규경은 『오주연문장전산고』에서 시각 장애인 중 일부는 장악원에 들어가 악기를 연주하는 것으로 업을 삼는다고 하였다.

그들은 또 악樂을 맡았기 때문에 우리나라에서도 이를 본받아 장님을 악원에 예속시켜두고 내전에서 진연進宴할 때면 맹인에게 눈화장을 하고 악기를 들고 연주하도록 하였다.[60]

관악기와 현악기를 연주하던 '관현맹인'이 바로 그들로서, 세종 때에는 18명을 뽑아 음악 교육기관인 관습도감에 소속시켰다.[61] 성종대 『경국대전』에서는 그들 중 4명을 뽑아 종9품 체아직을 주고 출근 일수가 400일이 되면 품계를 올려주되, 천인은 종6품 이상 오르지 못하도록 규정하였다.[62]

이들 관현맹인은 주로 당악과 향악을 연주했는데, 내연에서 기녀들의 춤이나 노래의 반주를 맡았다. 그때 복식은 녹주綠紬의 두건을 쓰고, 압두록鴨頭綠의 목면 단령을 입고, 두석頭錫의 홍정대紅鞓帶를 띠었다고 한다.[63] 영조 20년의 『진연의궤』進宴儀軌에는 김진성·신찬휘·전득주·윤덕상·백봉익 등 피리잽이 5명, 이덕균·최덕항 등 젓대잽이 2명, 최영찬·박지형 등 해금잽이 2명, 주세근·함세중 등 비파잽이 2명, 거문고잽이 이필강, 초적잽이 강상문 등 모두 13명의 관현맹인에 대한 내용이 기록되어 있다.[64]

56) 『世祖實錄』 3년 9월 16일條.
57) 『太宗實錄』 17년 6월 16일條.
58) 『世宗實錄』 9년 6월 20일條.
59) 『世宗實錄』 9년 6월 26일條.
60) 『五洲衍文長箋散稿』 卷47, 「明通寺辯證說」.
61) 『世宗實錄』 13년 12월 25일條.
62) 『經國大典』, 『吏典』, 「雜織」 條.
63) 송방송, 『악장등록 연구』(영남대 민족문화연구소, 1980) 253쪽.
64) 송방송, 위의 책 253쪽. 장사훈, 『한국악기대관』(한국국악학회, 1969) 219쪽.

조선 정부는 이렇게 관현맹인 제도를 실시하여 시각 장애인에게 벼슬과 녹봉을 줌으로써 그들이 자립할 수 있게 도와주었다. 세종 13년과 16년의 기록에는 그러한 사실이 잘 나타나 있다.

> 호조에서 아뢰기를, "관현악을 연주하는 맹인들에게도 악공의 예에 따라 춘추로 쌀을 주시기 바랍니다" 하니, 각각 콩 한 섬을 더 주도록 명하였다.[65]

> 예조에서 아뢰기를, "관습도감의 관현을 다루는 맹인은 재주를 시험하여 직책을 받도록 이미 입법되어 있으나 그중에 천구賤口에 관계된 자는 직책을 받지 못하니, 여러 장인匠人의 천구수직賤口受職의 예에 의거하여 유품流品 이외의 잡직에 서용하게 하소서" 하니, 그대로 따랐다.[66]

특히 세종대의 박연朴堧은 이들 관현맹인의 처우 개선에 많은 노력을 기울였다. 세종 13년 12월, 그는 임금에게 관현맹인의 어려움을 호소한 뒤 그들에게 더 높은 벼슬을 제수하고 일반 관원처럼 사시四時로 녹봉을 주기를 요청하였다.[67] 그는 또 '세상에 버릴 사람은 아무도 없다'고 강조했는데, 분명 박연은 음악적 재능만이 아니라 어진 성품도 지니고 있었던 듯하다. 임금은 이듬해 1월, 박연이 제시한 사항을 그대로 따르도록 하라고 지시하였다.[68]

이처럼 정부의 지원이 있었기 때문인지 조선 전기에는 이름난 시각 장애인 음악가가 상당수 존재하였다. 세종대의 이반李班, 성종대의 김복산金卜山과 정범鄭凡이 바로 그들이다. 이반은 현금을 잘 타서 세종에게 알려져 궁중에 출입하였고,[69] 김복산과 정범은 가야금을 잘 탄다고 당시 사람들의 입에 오르내렸다.[70] 특히 김복산은 가야금 솜씨가 당대 제일이라고 알려졌는데, 성종 3년 5월에는 포상으로 벼슬을 제수받기

도 하였다.[71]

이상에서 살핀 것처럼 시각 장애인 중 일부는 장악원 소속 관현맹인으로 활동하며 스스로 생계를 도모하였다.

4. 걸인

조선조 시각 장애인은 다양한 직업을 갖고 비교적 독립적인 생활을 유지해 나갔지만, 직업을 갖지 못한 가난한 장애인들은 일반 하층민처럼 구걸로 연명할 수밖에 없었다. 특히 "지금 남자 소경은 혹 점복으로 살아가지만 여자 소경은 살아갈 방도가 없으니……"[72]라는 기록처럼, 여성 시각 장애인은 살아갈 방도가 없어 길에서 얻어먹고 살았다. 그 예로, 태종 10년 12월 임금이 제릉齊陵에 제사하고 오는 도중, 어떤 여자 소경이 길에서 얻어먹고 있는 것을 보고 측은히 여겨 쌀과 콩을 주라고 했다는 기록[73]이 남아 있다.

우리는 흔히 구걸을 하찮은 일로 생각하지만, 그 당사자의 입장에서 보면 구걸도 엄연한 하나의 생존 수단, 곧 직업이라 할 수 있다. 이것은 비단 필자만의 견해가 아니라 당시 민중들도 그렇게 생각했던 듯한데, 판소리 〈심청가〉 중 황후가 된 심청이 맹인 잔치에서 아버지 심학구를

---

65) 『世宗實錄』 13년 5월 27일條.
66) 『世宗實錄』 16년 11월 24일條.
67) 『世宗實錄』 13년 12월 25일條.
68) 『世宗實錄』 14년 1월 28일條.
69) 成俔, 『慵齋叢話』, 『大東野乘』 I (민족문화추진회, 1973) 14쪽.
70) 成俔, 위의 책 15쪽.
71) 成俔, 위의 책 129쪽. 『成宗實錄』 3년 5월 11일條.
72) 『中宗實錄』 14년 3월 1일條.
73) 『太宗實錄』 10년 12월 26일條.

찾는 대목을 들여다보자.

> 황후가 보실 적에 (맹인들의) 직업이 다 다르다. 경經 읽어 사는 봉사, 점占
> 하여 사는 봉사, 계집에게 얻어먹는 봉사, 아들에게 얻어먹는 봉사, 딸에게
> 얻어먹는 봉사, 풍각쟁이로 사는 봉사, 걸식으로 사는 봉사, 차례로 보아가
> 니……74)

이처럼 구걸은 시각 장애인의 또 다른 직업 형태였던 것이다.

조선 후기 시각 장애인은 위의 인용문처럼 풍각쟁이 패와 어울려 악
기를 연주하며 구걸하기도 하였다. 풍각쟁이 패는 남의 집 문 앞에서 풍
류 소리를 내면서 돈을 얻어가는 유랑 놀이패였다. 그들의 모습은 〈변
강쇠가〉에 잘 나타나 있는데, 대개 소리꾼·퉁소잽이·가야금잽이·북잽
이·검무쟁이 등으로 이루어져 있었다.75)

이 밖에 거리에서 노래를 부르며 구걸하기도 하였는데, 조수삼趙秀三
의 『추재기이』秋齋紀異에는 다음과 같은 일화가 실려 있다.

> 손봉사 점치는 데는 손방이고, 대신 가곡歌曲을 잘했다. 우리나라의 이른바
> 우조羽調니 계면조界面調니 하는 24성에 두루 통달하였다. 매일 가두에서
> 높은 목청 가느다란 소리로 노래를 불렀다. 바야흐로 노래가 절정에 이르면
> 청중이 담을 쌓아서 던지는 돈이 비 오듯 쏟아진다. 손으로 더듬어보아서
> 백 전이 될 양이면 툭툭 털고 일어선다. "이것만 가지면 한 번 취할 수 있는
> 밑천은 되겠지."76)

이러한 자료들을 통해 직업을 갖지 못한 가난한 시각 장애인은 거리
에서 구걸하며 살기도 하였음을 파악할 수 있다.

애꾸눈의 삶

시각 장애인의 다른 한 부류는 한쪽 눈을 실명한 애꾸눈이었는데, 애꾸는 '멀다'라는 말의 방언이었다. 이들은 혹 '외눈박이'라고 불리기도 하였다. 맹인들과 마찬가지로 이들 역시 사회에서 일반인과 함께 살아갔다. 사람들은 이들의 신체적 특징에 대해 놀리거나 장난을 치기는 했지만, 특별히 악의가 있는 것은 아니었다.

성종 때 김사문金斯文이라는 한쪽 눈이 먼 사람이 있었다. 하루는 그의 친구 채기지蔡耆之가 "일찍이 늙은이에게 들으니 고려 말에 한 선비가 눈이 자네와 같았는데, 신령한 중이 이르기를 '급히 눈동자를 잘라버리고 개의 눈알을 뽑아서 넣으면 뜨거운 피가 서로 붙어서 며칠 안 가 보통과 같이 된다' 하였다네"라고 하자 좌우가 모두 "과연 그 이치가 헛되지 않은 것 같다"고 말하였다. 김사문이 크게 의심하자 채기지는 다시 "좋기는 좋으나 다만 꺼리는 바가 있네. 만약 변소 안의 똥을 보면 모두 연석의 찬과 같이 보여서 먹고자 할 것이네"라고 하였다. 그러자 김사문이 크게 노하여 꾸짖으니, 절도하지 않은 이가 없었다고 한다.[77]

또 이륙李陸이 쓴 『청파극담』青坡劇談에는 김량일金亮一에 얽힌 일화가 실려 있다. 김량일은 한쪽 눈을 실명한 애꾸였는데, 성질이 상당히 조급하였다. 그는 애꾸라는 사실에 대해 상당한 콤플렉스를 가지고 있었던 듯한데, 그러자 정휘鄭徽라는 이가 '사람은 도량이 있어야 한다'라고 말하며 너그럽게 생각하고 살도록 일러주었다고 한다.[78]

---

74) 〈심청가〉, 『신재효 판소리사설집』(민중서관, 1978) 244~245쪽.
75) 〈변강쇠가〉, 위의 책 587~593쪽.
76) 『이조한문단편선』 中 (일조각, 1978) 338쪽.
77) 成俔, 『慵齋叢話』, 『大東野乘』 I (민족문화추진회, 1973) 247쪽.
78) 李陸, 『靑坡劇談』, 『大東野乘』 II (민족문화추진회, 1973) 87~88쪽.

우리에게 익히 알려진 조선 중기의 선비이자 해학꾼인 김인복金仁福도 애꾸눈이었다. 그럼에도 그는 장애를 별로 개의치 않고 즐겁게 살면서 여기저기에 많은 일화를 남겼다.79) 그 가운데 비교적 짤막한 일화 한편을 소개한다.

김인복은 해학을 잘하는데 한쪽 눈이 애꾸였다. 심전沈銓이 전주부윤으로 있을 때 김인복이 그를 찾아갔다. 심전은 그의 말 기세를 꺾어버릴 셈으로 통인·방자·사령 등을 모두 애꾸눈으로 선택하여 그의 시중을 들게 하고, 또 여염집 여자 중에서 애꾸눈을 가려서 관비로 꾸며 동침하게 했으며, 유숙하는 곳조차 애꾸눈을 가진 사람의 집에 정하였다. …… 조석으로 문안하고 내왕하는 사람들이 애꾸눈 아닌 사람이 없었는데, 김인복은 오히려 부끄러워하지 않고 심부름꾼에게 말하기를, "영감 덕택으로 편하게 자기는 했으나 만일 도적을 만나면 살피고 망볼 사람이 적어서 무섭소"라고 하였다. 심전은 그 말을 알아듣지 못하고 여러 차인들이 혹 숙직을 궐할까 두려워 살피게 하였다. 그러자 김인복이 말하기를, "그만두어라. 비록 다섯 사람이 있으나 모두 외짝 눈이어서 만일 도둑을 수비하게 되면 두 사람 반이라는 말이다" 하니, 온 부중府中이 대소大笑하였다.80)

조선시대에 이들 애꾸눈은 일반인과 별 다를 바 없는 삶을 살았던 듯하다. 특히 국가에선 이들이 과거를 보아 벼슬길에 나아가는 데 제약을 두지 않았다. 15세기의 박모라는 이와, 조선 중기에 살았던 것으로 추정되는 이람과 원욱, 임란 때의 유팽노, 조선 후기의 기정진이 바로 애꾸눈이었으나 당당히 과거에 급제한 인물들이다.

박모朴某라는 이는 조정에서 일하는 관리였는데, 사나운 아내와 살면서 자주 얻어맞곤 하였다.81) 이람李覽과 원욱元彧의 이야기는 『어우야담』에 실려 있다. 이람은 사람됨이 의기가 많고 호협하였으며 한쪽 눈이 함몰된 애꾸눈이었다. 원욱도 한쪽 눈이 멀었는데 눈알이 튀어나왔고 청백색이었다. 두 사람은 만나자마자 곧 친구가 되었는데, 훗날 원욱은 과거에 급제하여 절충장군折衝將軍이 되었고 이람 또한 과거에 급제하여 3품관이 되었다.[82]

유팽노柳彭老는 옥과현 사람으로 성품이 지극히 효성스러웠는데, 문과에 오른 지 수년이 되었으나 벼슬길에 나아갈 생각을 하지 않았다. 임란이 일어나자 그는 고경명의 막하에 들어가 좋은 계책을 내었다. 하지만 군사들이 그를 업신여겨 그의 계책을 받아들이지 않았다. 그는 결국 전쟁 도중 고경명에게 달려드는 적을 막다가 죽음을 당하고 말았다.[83]

끝으로 기정진奇正鎭은 순창에서 태어나 장성에서 살았던 인물로, 33세에 과거에 급제하여 여러 벼슬을 제수받았으나 모두 사의를 표하고 부임하지 않았다. 그 대신 그는 성리학을 독자적으로 연구하여 조선 성리학의 6대가 가운데 한 사람이 되었다.[84]

이처럼 한쪽 눈을 실명한 장애인도 일반인과 함께 평범하게 살아갔고, 국가에서도 일반인과 똑같은 대우를 해주었다. 다만 자료가 많지 않아 그들에 대한 사회적 인식이 어떠했는지 명확하게 말하기는 어려울 듯하다.

79) 李濟臣, 「淸江先生鯸鯖瑣語 小叢」, 『大東野乘』 XIV (민족문화추진회, 1973) 453쪽. 柳夢寅, 『於于野談』(한국문화사, 1996) 417～421쪽.

80) 李濟臣, 위의 책 447쪽.

81) 徐居正, 『太平閑話滑稽傳』(태학사, 1998) 106～107쪽.

82) 柳夢寅, 『於于野談』(한국문화사, 1996) 406～407쪽.

83) 申炅, 『再造藩邦志』, 『大東野乘』 IX (민족문화추진회, 1973) 151～154쪽.

84) 현상윤, 『조선유학사』(민중서관, 1949). 배종호, 『한국유학사』(연세대출판부, 1974).

근대적 인식으로 왜곡된 시각 장애인

조선 정부가 장애인 부양의 일차적 책임을 가족에게 일임함에 따라 시각 장애인은 가족 사회에서 일반인과 함께 살아갔다. 또한 정부는 이들 시각 장애인을 자립 가능한 사람으로 분류하여 직업을 갖고 자립하도록 유도하는 한편, 명과학이나 관습도감에 이들만을 위한 관직을 설치하여 다른 관원들처럼 벼슬과 녹봉을 주었다. 그리하여 이들은 점복·독경·관현악 연주·구걸 등 다양한 직업을 갖고 사회활동을 펼쳤으며, 일부는 그 분야의 권위자로서 세상에 이름을 떨치기도 하였다. 나아가 이들은 600여 년 전에 세계 역사상 유래를 찾기 힘든 '명통시'라는 시각 장애인 단체를 조직하여 체계적으로 활동하기도 하였다.

비록 각 장애에 따라 사람들의 태도가 달랐겠지만 시각 장애인의 경우에 국한해서 본다면, 이들은 장애에 크게 개의치 않고 살았고 사회에서도 이들을 특별히 경시하지 않은 듯하다. 조선조에 이들 시각 장애인의 사회적 지위가 어떠했는지는 이규경의 『오주연문장전산고』에 잘 나타나 있다.

아무리 일품一品 재상이라 할지라도 맹인을 만났을 때는 '너'라는 천한 말로 대하지 않고 중인中人 정도로 대한다.[85]

임금이 능침陵寢을 알현하기 위해 거둥할 때는, 어가御駕가 궁궐 밖으로 나갈 때나 들어올 때 여러 맹인이 으레 도포를 입고 떼를 지어 성 밖으로 나가 공경스럽게 전송하고 공경스럽게 맞아들이는 등 조사朝士·사마司馬와 반열을 같이하니, 매우 해괴한 일이다. 어느 때의 법을 본받아서 그러는지 알 수가 없다.[86]

이처럼 조선조 시각 장애인의 사회적 지위는 우리가 피상적으로 알고 있던 것보다 훨씬 높았고, 때에 따라 막강한 권력을 지니기도 했던 것으로 보인다. 물론 이 글의 서두에서 지적한 것처럼, 시대에 따른 그들의 지위 변화에 대해서는 유념할 필요가 있다. 조선조, 특히 중기 이후로 갈수록 양반 사대부들은 지나치게 유학에 경도되어 시각 장애인의 역할을 신랄하게 비판하며 그들을 체제 내에서 밀어내고자 하였다.

먼저 그들은 시각 장애인의 점복 행위를 비판하였다. 중종대의 이임 李任은 "잡술 가운데서도 명과학이 가장 믿지 못할 것입니다"[87]라며 명과학을 믿어서는 안 될 잡술로 치부하였고, 남곤南袞 역시 "천문학 이외에 그 나머지 지리나 명과의 학문은 모두 폐지해야 합니다. 맹인들은 보고 듣지 못하니 음양·사생死生·길흉·소장消長의 이치를 아는 사람이 없고……"[88]라고 하여 맹인의 점복 행위를 비하하면서 명과학을 폐지할 것을 주장하였다. 또한 광해군 시절 맹인 점복자 신경달이 임금의 명을 받고 대궐 안으로 들어가자 사신史臣들이 맹렬히 비난하였다.

사신은 논한다. 무릇 왕자는 하늘을 본받고 땅을 법받아 복을 모으고 표준을 세우는 법이다. …… 어찌 성왕의 도를 떠나고 명군의 법을 내버리고서 요망한 맹인 점쟁이의 괴설을 따라 화와 복을 점치는 경우가 있단 말인가. 더구나 맹인 점쟁이는 임금이 가까이할 자가 아니며, 대궐 안은 잡인이 출입할 수 있는 곳이 아니다.[89]

85) 『五洲衍文長箋散稿』卷47,「明通寺辯證說」.
86) 上同.
87) 『中宗實錄』25년 5월 2일條.
88) 『中宗實錄』11년 10월 29일條.
89) 『光海君日記』9년 4월 3일條.

독경 행위도 역시 비판의 대상이었다. 중종은 "우리나라도 가뭄이 있으면 맹인과 무당을 모아 비를 비는 예가 있는데 이는 진실로 무익한 일이다"[90]라고 비판했는데, 결국 맹인의 기우제는 효종 때 불경하다는 이유로 혁파되었다가 숙종 때 다시 임시로 시행되기도 하였다.[91] 또 인조 때 중관中官이 대비의 명에 따라 맹인 독경자 일곱 명을 입궐시키려 했으나, 김육金堉이 '주상의 명이 있지 않는 한 감히 금문禁門에 잡인을 들일 수 없다'고 하면서 끝까지 들어가지 못하게 한 적도 있었다.[92] 이전에 맹인이 주관했던 각종 제사도 영조 21년을 계기로 완전히 철폐되었다.

영조 21년에 맹제盲祭·무제巫祭·독경제讀經祭 등의 이름을 모두 없애버리도록 하였다. 맹인의 기우제와 무녀의 기우제 및 이어移御할 때의 맹인 독경제 등이 옛날엔 그 이름이 있었으나 폐지한 지 이미 오래였다. 그러나 봉상시의 제안祭案에 실려 있었는데 이에 이르러 모두 없애버리도록 하였다.[93]

다만 시각 장애인의 관현악 연주는 임란을 겪으면서 폐지되었다가 효종 때 복구되었다.[94]

이렇게 조선 중기 이후 완고한 유학자들은 시각 장애인의 각종 역할을 비판하고 배척하면서 그들의 사회적 활동 영역을 축소시켰다. 그리하여 조선 후기로 갈수록 시각 장애인의 지위가 하락할 뿐 아니라, 일반 사람들의 인식도 서서히 그들을 비하하고 천시하는 쪽으로 바뀌었다.

근대 이후의 시각 장애인은 침구鍼灸와 안마 업종에 종사하며 자립을 꾀하였다. 일제 침략자들이 1913년에 제생원을 설립하여 시각 장애인에게 침구와 안마 기술을 교육시킨 뒤 이 분야에 종사하도록 했기 때문이다. 하지만 이것조차 해방 이후 폐지와 허용이 거듭되다가 결국 침

구업은 폐지되고 안마업만 허용되었다.[95]

한편 이 시기 시각 장애인은 여느 장애인과 마찬가지로 사람들로부터 냉대와 질시를 받았다. 전근대 시대의 장애인은 가족공동체에서 심부름이나 허드렛일 등을 통해 일반인의 틈새를 메워주며 어떻게든 더불어 살아갔다. 하지만 20세기 중반 이후 산업화가 촉진되면서 기존 공동체와 그 의식이 해체되자 장애인은 거리로 내몰려 걸인 생활을 할 수밖에 없었다. 정부는 과거 서구처럼 집단 수용 시설을 만들어 그들을 사회로부터 격리시켰고, 자연히 사람들은 그들을 이방인으로 취급하거나 심지어는 그들의 장애에 대해 혐오감까지 내비치게 되었다.[96]

대개 우리는 장애에 대한 편견이 요즘보다 전근대 시대에 훨씬 심했다고 말하고 있으나, 그것은 서구적인 시각과 막연한 전통 부정의 심리에서 비롯된 것일 뿐 실제로는 전혀 달랐던 것으로 보인다.

90) 『中宗實錄』 16년 1월 26일條.
91) 『肅宗實錄』 9년 6월 14일條.
92) 『仁祖實錄』 1년 10월 27일條.
93) 李肯翊, 『燃藜室記述』 IX (민족문화추진회, 1967) 322쪽.
94) 송방송, 『악장등록 연구』 (영남대 민족문화연구소, 1980) 253쪽.
95) 임안수, 「한국 맹인 직업사 연구」 (단국대 박사 학위 논문, 1986) 89~128쪽.
96) 이에 대해서는 추후 자료를 보완하여 좀 더 상세하게 논의하고자 한다.

토론 | 주영하 · 김소현 · 김호 · 정창권

이 글은 2003년 11월 18일, 한국학중앙연구원 한국학정보센터 회의실에서 열린 토론회 내용을 정리한 것이다. 토론회에 참석한 사람은 이 연구를 함께 수행한 주영하 · 김소현 · 김호 · 정창권 등 4명이다. 이 토론회는 본문에서 다 밝히지 못한 이야기를 좀 더 나누기 위해 마련되었다. 연구를 하면서 느낀 점을 허심탄회하게 나누었고, 그 과정을 통해 각자 다른 전공으로 인해 발생할 수 있는 시각의 차이를 좁힐 수 있었다. 학문적으로 다른 경향을 지닌 연구자들이 오주 이규경과 생활사 연구라는 주제를 어떻게 바라보았으며 서로 얼마나 다른 시각으로 접근했는지, 그리고 이 토론회를 통해 생각의 차이를 얼마나 좁혔는지 알 수 있을 것이다.

생활사 연구, 어떻게 할 것인가

오주 이규경이 우리에게 말하고 있는 것

주영하 오늘 모임은 이규경의 『오주연문장전산고』를 각자 분야별로
연구하면서 글로 표현하기 어려웠던 부분을 함께 논의하는 데 목적
이 있습니다. 종래 각 분야에서 이 책에 대해 주목하지 않은 바는 아
니지만, 우리처럼 공동 연구를 통해 분야별 성과를 도출한 경우는
드물었습니다. 하지만 우리 역시 이규경이란 인물은 물론이고 그의
저술 전체를 다루지는 못했습니다. 그래서 몇 가지의 주제를 가지고
서로 논의를 펼치면 앞으로 좀 더 심화된 연구를 할 수 있지 않을까
하는 기대를 해봅니다. 그러면 먼저 오주 이규경이 우리에게 말하고
있는 것이 무엇인지에 대해 이야기를 나누어보았으면 합니다.

김 호 저는 제 글에서도 썼지만 몸에 대한 전통적인 관점이 어떻게
변했는지 알고 싶었습니다. 그게 제가 가장 관심을 갖고 있는 부분

이지요. 허준을 예로 들자면, 육체 활동이나 정신 활동을 많이 하면 정精이 소모되기 때문에 가능하면 움직임과 사고를 피하는 것이 건강에 도움이 된다고 보는 전통적인 양생론을 주장했습니다. 그런데 서구적 관점을 수용한 이규경은 몸의 중심이 '근골'이라고 이야기해요. 몸의 기초가 되는 뼈와 뼈를 움직이는 근육이 바로 근골이거든요. 결국 이 얘기는 기존의 견해와는 반대로 몸을 적당히 움직여주는 것, 운동이 건강을 유지하는 방법이라는 말이 됩니다. 따라서 이규경은 허준과는 굉장히 다른 시각을 가지고 있었다고 할 수 있습니다.

주영하　좀 더 구체적으로 이야기를 해보면 어떨지요.

김 호　신체의 중심이 정기에서 근골로 옮겨오면서, 그러면 근골은 어떻게 움직이는가 하는 질문이 대두됩니다. 여기에 대해 이규경은 뇌가 작용해 근골이 움직인다고 얘기해요. 허준에게 '어떤 기관이 생각을 담당하는가?' 하고 물으면 '심心'이 한다고 대답하거든요. 이러한 관점이 이규경에 오면 완전히 달라지는 거죠. 신체의 중심이 근골로 변하면 외형적인 것에 대한 근대적인 시각, 즉 패션, 체육, 훈련 등의 개념이 신체를 보는 관점에 포함됩니다. 이처럼 눈에 보이지 않는 정기를 정신적으로 조절하고 통제하는 방식의 수양에서 육체에 대한 수양으로 이행하는 계기를 잘 보여주는 사람은 바로 이규경입니다. 저는 이규경의 자료를 바탕으로 19세기 이후의 서구적, 근대적 인간관을 갖고 있는 사람들을 더 추적해서 그들의 신체관에 대해 쓰고 싶습니다.

주영하　김소현 선생님은 어떻게 생각하세요?

김소현　『오주연문장전산고』의 내용은 '어떻게 이런 문제에까지 관심을 가질 수 있었을까' 싶은 시시콜콜한 것들이라고 할 수 있는데, 오히려 그 때문에 지금 우리에게는 귀중한 자료라고 볼 수 있어요. 이규경은 옷을 만드는 데 옷감이 얼마 든다든지 하는 문제를 전부 기록으로 남겼어요. 그런데 제가 실제로 대비해보니까 관념적으로 쓴 것이 아니라 굉장히 실제적으로 썼더라고요. 복식 의례와 관련된 기록과 연구는 많지만, 실제 옷의 구성과 관련된 것은 많지 않습니다. 오로지 이규경의 글에서만 뽑아낼 수 있을 정도이지요. 현재 남아 있는, 복식 구성에 관한 가장 오래된 책은 1925년에 김숙당이 쓴 『조선재봉전서』입니다. 그런데 이규경의 변증설을 이용하면 적어도 100년 전의 의복 구성에 대한 책을 만들어낼 수 있겠더라고요. 제 논문은 그 과정에 대해 썼다고 할 수 있습니다.

주영하 저는 원래 음식 관련 글들을 살펴보려고 했는데 숫자가 너무 많아요. 「고추변증설」부터 시작해, 그 당시에 들어와 있던 이상한 것들은 전부 다 기록하고 변증했기 때문입니다. 그런 면에서 보면 오주가 기록해놓은 이른바 민족지적인 성격을 지금도 전혀 연구하지 못하고 있는 상황이죠. 한문으로 된 글을 읽어내지 못하기 때문에 오주의 자료를 제대로 활용하지 못하는 경우가 많습니다. 어쨌든 그래서 음식 관련 변증설을 살피기에 앞서 민속학에서 중요한 이데올로기를 형성해준 세시 풍속을 살펴야 조선 후기를 더욱 명확하게 이해할 수 있다고 생각했습니다. 사실 민속학 개론 책을 보면 의식주부터 시작해서 무속, 세시 풍속, 놀이 등이 쭉 나옵니다. 하지만 그런 식의 평면적인 틀 속에서는 살아 숨 쉬는 인간의 모습을 찾아볼 수 없습니다. 인간이 그 틀 속에서 분해되어버리기 때문입니다. 이것은 근대 서양의 이분법적 사유 체계 탓입니다. 사실 세시 풍속에는 지배자가 시간을 통제하는 방식과 풍속을 민간에 퍼뜨리는 이유, 그리고 민간이 그것을 수용하는 과정이 담겨 있습니다. 예컨대 조선시대 세시 풍속에는 당연히 역사적으로 경험해온 자연환경과 생업 방식의 연관성이 포함되어 있지만, 농사를 권장하여 생산을 많이 하도록 강요하는 지배층의 이데올로기도 담겨 있습니다. 그런데 오주의 친구 최한기가 이미 서양의 시간 관념을 수용했던 데 비해 오주는 그렇지 않았습니다. 즉 세시 풍속에 대한 오주의 관념은 여전히 지배층의 이데올로기를 인정하는 중국적 세계 질서 속에서 벗어나지 못하고 있었습니다. 바로 이 부분에서 오주는 최한기와 뚜렷이 구분됩니다.

김 호 이규경은 왜 『오주연문장전산고』를 썼을까요? 그것은 그가 살았던 시대가 그 이전과는 다른 변화가 많이 일어난 시기였기 때문이지 않나 하는 생각이 들어요. 역사적으로 19세기 전반부는 사회, 문화 등 다양한 측면에서 18세기 말과 상당한 차이를 보이는 듯합니다. 옷차림이나 머리모양 등 여러 가지가 바로 이규경이 살았던 당시에 변했거든요. 이규경은 바로 이런 생활의 변화를 느꼈고, 그래서 이런 것들에 대해 변증하고 싶었던 것이 아닐까 싶습니다.

정창권 저는 오주의 글을 모두 보지는 못했고 관심을 가지고 있는 부분만 봤을 뿐입니다. 그런데 저는 오주를 '앉아서 천 리를 본 사람'이라고 표현하고 싶습니다. 그는 풍부한 상상력을 가지고 다양한 사물과 현상을 나름대로 치밀하게 살펴보려 했습니다. 이러한 그의 모습은 언뜻 19세기 소설사를 떠올리게 합니다. 19세기에는 소설에 잡다하고 다양한 사고들을 끌어들이려는 경향이 나타나고, 그 결과 장편소설이 발달하거든요. 오주도 마치 19세기 소설처럼 갖가지 사고를 받아들이려 한 것이 아닌가 생각됩니다. 한편 제가 시각 장애인에 대한 오주의 인식을 살피면서 발견한 것은 그가 결코 장애인들을 천시하지 않았다는 사실입니다. 심지어 이규경은 시각 장애인을 장애인으로 보지도 않았습니다. 그뿐 아니라 그는 장애인 문제 해결에도 큰 관심을 갖고 있었고 그래서 정말 잡다한 것까지 다 끌어와서 논의를 전개했습니다. 시각 장애인의 예를 들면 그들의 구체적인 삶, 즉 어떻게 점을 치고 독경을 했으며 또 수입은 얼마나 되었고 고객들은 어떤 사람들이었는지 등 삶의 세세한 부분을 다 기록으로 남긴 것이지요. 오늘날 그것들은 그 당시 시각 장애인의 삶을 종합적으로 보여주는 좋은 자료가 되고 있습니다. 저는 이런 자료를 통해 조선시대 장애인들의 지위라든가 위상, 삶의 방식을 다시 한 번 검토해보고 싶습니다. 특히 조선시대 정부는 명과학을 비롯해 장애인만을 위한 관직을 마련하는 등 나름대로 그들을 배려하는 정책을 펼쳤습니다. 이런 점은 오늘날의 우리에게 시사하는 바가 큽니다.

김 호 이규경은 허황된 것은 가능한 피하고 그 당시에 가장 객관적이라고 할 수 있는 지식에 기대려고 노력한 인물입니다. 그가 언급한 내용이 비록 모두 사실과 부합하는 것은 아니지만, 그렇다고 해서 그 내용이 가치가 없는 것은 아닙니다. 예를 들어, 이규경은 부모와 자식이 헤어졌다가 만났을 경우 친자 여부를 확인하려면 부모와 자식의 피를 한군데에 넣고 흔들어보면 된다고 주장합니다. 피가 섞이면 친자이고 그렇지 않으면 친자가 아니라는 것이지요. 지금의 상식에서 보면 전혀 사실이 아니지만, 이것은 이 무렵 친자 여부가 중요하게 된 사회 변화가 있었을지 모른다는 단서를 암시합니다. 이런 점에서 보면 이규경의 『오주연문장전산고』는 오늘날 우리에게 참으로 많은 것을 알려주는 책이라고 할 수 있습니다.

주영하 제가 살펴본 세시 풍속 부분에는 백중에 대해 변증한 내용이 있습니다. 원래 백중은 불교에서 부처를 공양하는 날인데, 그 당시 민간에서는 이날 두레에 대한 계산을 하면서 호미를 씻고 음식을 마련해 즐기고 노는 풍습이 크게 유행한 모양입니다. 그래서 이규경은 백중이 민간에서 변형된 원인이나 이런 풍습이 유행한 까닭 등을 밝히기 위해 변증을 한 것이지요. 그런 면에서 이규경은 현실의 변화에 대해 다른 사람들보다 일찌감치 눈을 뜨고 그러한 변화가 왜 생겼을까 탐색한 인물이라고 할 수 있습니다. 이규경의 이런 모습은 오늘날 민속학이나 인류학을 연구하는 사람들이 자문화自文化를 연구할 때 전범으로 삼아야 한다고 생각합니다. 한국의 민속학자나 역사학자들은 오주처럼 세상의 변화에 관심을 가지고 그 변화의 원인과 과정에 대해 좀 더 미시적으로 접근하는 자세를 가질 필요가 있습니다.

생활사 연구란 무엇인가

주영하　최근에 역사학이나 민속학에서는 생활사 연구, 특히 조선시대 생활사 연구에 대한 논의가 다양하게 진행되어왔습니다. 우선 선생님들이 연구하시는 분야에서 생활사에 대해 대체로 어떤 논의를 하고 있고, 어떤 작업이 이루어지고 있는지 간략히 소개해주셨으면 합니다. 먼저 김소현 선생님은 복식사 연구와 생활사를 어떻게 연결시킬 수 있다고 생각하십니까?

김소현　복식사 연구는 무대의상에 대한 관심에서 출발했어요. 예를 들어, 〈햄릿〉이라는 연극을 공연해야 하는데 배우들에게 현대적인 옷을 입힐 수는 없으니까 그 시대에는 어떤 옷을 입었을까 하는 구체적인 관심을 갖기 시작한 것이지요. 이런 부차적인 관심이 시간이 지나면서 옷 자체에 대한 관심으로 변했고, 거기서 한 걸음 더 나아가 옷을 통해 그 옷을 입고 살아가던 사람들의 삶의 모습까지 연구하게 된 것입니다. 그러니까 현재의 필요에서 출발해 과거 사람들의 삶까지 연구하게 된 복식사의 정립 과정은 이른바 생활사의 전개 과정과는 반대라고 할 수 있습니다. 복식사는 일종의 특수사라고 할 수 있는데, 그동안 정사正史를 연구하는 분들은 특수사를 하찮고 열외적인 것으로 보는 경향이 있었어요. 하지만 최근 생활사가 각광받는 분야로 떠오르면서 그런 시각이 많이 줄어들었습니다. 또 역사학자들이 생활사 연구에 참여하면서 내용이 훨씬 풍부해질 뿐 아니라 개별적으로 조각나 있던 사실들도 통합되는 느낌을 받습니다. 아주 바람직한 현상이라고 생각합니다.

정창권 제 생각도 마찬가지입니다. 생활사를 역사학의 한 분야라고 생각해서는 안 될 것 같아요. 원래 생활사 연구는 초창기 국학자들 즉 안확이라든가 민속학자 손진태 같은 분을 중심으로 이루어지다가 현대에 들어와서는 이훈종 선생 같은, 국문학자이면서도 아닌 듯한 그런 분들에 의해 진행되어왔어요. 역사학에서 이 분야에 관심을 가지기 시작한 것은 그리 오래된 일이 아니죠. 어쨌든 '생활사는 어떤 학문의 한 영역이다'라고 규정하는 것은 바람직하지 않습니다. 생활사를 학문 분야를 넓힐 수 있는 하나의 연구 방법론으로 인식하고, 다양한 논의를 통해 발전 방향을 모색하는 것이 옳지 않나 생각합니다.

주영하 역사학자인 김호 선생님의 생각은 조금 다를 것 같습니다.

김 호 사실 '생활사'란 단어를 쓰는 나라는 우리나라밖에 없습니다. 이 말을 본격적으로 사용하게 된 것도 제가 알기로는 1990년대 말부터였습니다. 그렇기 때문에 생활사의 정의나 학문적 영역에 대해

한 번도 논의해본 적이 없는 것 같아요. 그럼 '어떻게 생활사라는 말이 대두되었는가' 하는 의문이 생길 텐데요, 그건 출판계에서 먼저 대두되었다고 얘기할 수 있을 것 같습니다. 『한국생활사박물관』 시리즈, 한국역사연구회의 연구 결과로 나온 『○○시대 사람들은 어떻게 살았을까』 시리즈 등이 출간되면서 생활사라는 단어가 널리 퍼지기 시작했습니다. 실제로 학계에서는 한 번도 누가 자기 연구를 생활사 연구라고 명명한 적이 없습니다. 독일이나 프랑스에서 시도한 '생활의 역사'라고 부를 만한 연구들도 그쪽에서는 '문화사'나 '일상사'라고 하지 생활사라고 부르지 않습니다. 그런데 우리나라에서 '생활사'라고 하면 어떤 사람은 프랑스식 문화사를 떠올리기도 하고, 또 어떤 사람은 독일식 일상사를 떠올리기도 하고 자기 마음대로입니다. 여러 가지 복잡한 기원을 가진 서구의 조류들을 닥치는 대로 받아들인 뒤 한 번도 정돈하지 않은 채 연구를 진행해왔기 때문에 연구자들조차 그 각각의 개념을 정확히 이해하지 못하고 있는 경우가 많지요. 우리나라에서 생활사라는 이름을 붙이고 나온 기존 연구들을 살펴보면 그 분야와 범위가 굉장히 다양한데, 바로 이러한 원인 때문이라고 볼 수 있습니다. 따라서 앞으로 우리는 이른바 '생활사'를 어떻게 올바로 이름 짓고 연구해 나갈 것인지에 대해 고민할 필요가 있습니다.

주영하 민속학 쪽에서 보면 최근에 '민중 생활 연구'가 굉장히 중요한 요소로 떠올랐어요. 하지만 '생활'이라는 말 자체의 개념을 엄밀히 규정한 적은 없어요. 외국의 경우를 살펴보면 독일 민속학은 '폭스쿤데' Volkskunde라고 해서 '민족 과학', 즉 민족주의적 민속학을 강조합니다. 이것은 영국의 민속학과는 좀 다른데요, 영국 민속학에는 자기들 민족이라는 개념이 없습니다. 영국 민속학은 국가라는 틀 안에서 전근대 시대의 골동품이나 농민들의 이야기를 모으는, 이야기에 중심을 두는 학문입니다. 여기에 비해 독일은 근대국가로 발전하는 과정에서 자민족 즉 게르만 민족에 대한 것을 연구하는 민족학을 민속학으로 규정합니다. 그런데 독일 민속학에서 말하는 일상every-day life은 우리가 흔히 말하는 '생활'과는 개념이 상당히 다릅니다. 그들이 말하는 '일상'은 노동에 대비되는 개념이라 할 수 있습니다. 이 말이 20세기 초반에 일본으로 건너가서 요즘 흔히 이야기되는 '생활'이라는 말로 바뀌게 되지요. 일본 민속학자들은 주로 의식주와 관련된 것을 생활이라고 불렀습니다. 우리나라 역사학 쪽에서 보면 강만길 선생이 『일제시대 빈민 생활사 연구』라는 책을 내면서 생활사라는 말을 처음 사용한 것 같습니다. 여기서 말하는 생활사 역시 주로 옷과 음식에 초점이 맞추어져 있습니다. 그런 면에서 볼 때 민속학에서의 생활사 연구는 '의식주'를 중심으로 이루어지는 경향이 강하다고 할 수 있습니다.

김 호 1995년 이전까지는 민속학자들이 '생활'을 연구했습니다. 과거의 것이든 오늘날의 것이든 이른바 생활의 영역들은 민속학에서 다루고, 특별하게 음식이나 의복, 주거 등에 대해서는 각각 음식학, 복식학, 건축학 등에서 다루어왔습니다. 여기에는 역사학이 배제되어 있었는데, 1990년대 중반으로 넘어오면서 상당수의 역사학자들이 비중 있게 연구에 참여하기 시작했습니다. 그러면서 이야기가 더 재밌어지고 풍부해졌지요. 그런데 일부 학자들의 경우 학문간 협력 관계를 유지해 나가기보다 자기 경계를 지으려는 경향이 강합니다. 그때문에 우왕좌왕하고 있는 것 같아요. 역사학자들의 경우에는 '생활'이라는 생소한 분야에 대한 부담을 갖고 있고, 기존의 민속학자들은 잘못하다가 역사학에 병합되지 않을까 하는 불안과 거부감 등을 느끼는 게 아닌가 싶습니다. 이런 감정이 혼재되어 자기 순정성을 잃고 있다고 생각하는 겁니다. '내가 이거 진짜 역사학자인가?', '나는 민속학자인가?', '나는 국문학자인가?' 하고 말이지요. 그냥 역사도 연구하고 문학도 연구하고 이것저것 다 할 수 있는 인문학자라고 생각하면 간단한 문제인데, 그렇게 하지를 못하니까 혼란을 겪게 되는 것 같아요. 안타까운 일이지만 이것이 지금의 현실입니다. 이제라도 지금까지 누가 그 분야를 다뤄왔는지 명쾌하게 정리하고, 앞으로 누가 그것을 다룰 것인지에 대해 이야기하면 향후 문화사적인 대상들을 어떻게 연구해 나갈 것인지에 대한 원론적인 전망이 서겠죠.

분야사 연구에 대한 비판적 검토

주영하　복식사의 경우 대표적인 분야사라고 해도 좋을 듯합니다. 특히 김동욱 선생을 제외하면 복식사 연구는 복식학 연구자들에 의해 이루어지고 있습니다. 김소현 선생님의 이야기를 한번 들어보죠.

김소현　기존의 복식사 연구는 왕실을 중심으로 이루어져왔습니다. 사료의 대부분이 왕실을 중심으로 기록되어 있고, 또 그런 자료들을 찾기가 쉬웠기 때문이지요. 그런데 최근에는 여러 분야에서 이른바 '옛날사람들은 어떻게 살았을까'에 대한 관심이 늘어나고, 이전에는 접할 수 없었던 자료들이 발굴·출간되면서 복식사 연구의 초점도 보통 사람들의 의생활로 바뀌어가고 있습니다.

주영하　복식사 연구의 출발점은 언제로 보아야 할까요?

김소현   이여성이 『조선복식고』를 지으면서 복식사 연구가 시작되었다고 봐야 할 듯합니다. 굳이 더 따지고 올라가면 오주 이규경을 출발점으로 볼 수도 있고요. 최근에는 출토물들이 많이 나오기 때문에 그 옷을 입기까지 어떤 제작 과정을 거쳤는지, 또 그 옷을 입고 생활했던 사람들의 삶은 어떠했는지 등에 대한 관심이 높습니다. 또 지금은 이렇게 부르는데 과연 옛날에는 어떻게 불렀을까 하는, 명칭에 대한 탐구들도 활발히 이루어지고 있습니다.

주영하   식품사 연구의 중심에는 돌아가신 이성우 교수가 있었습니다. 이분은 영남대 도서관 관장이셨는데, 일본 교토대학 인문과학연구소에 1년 동안 객원교수로 가 있으면서 많은 것을 배웠다고 합니다. 이성우 교수의 『한국식경대전』은 음식과 관련된 문헌을 집대성한 책입니다. 장지현 교수도 식품사 정리 작업을 한 분입니다. 이분은 형님이 6·25 이후 월북하는 바람에 유학을 갈 수가 없었는데, 오히려 그 덕분에 조선 후기 자료를 면밀히 살필 수 있었지요. 그 다음에는 윤서석, 강인희 같은 분들이 식품사를 연구하셨죠. 그런데 그 이후 식품영양학이 식품학의 중심으로 자리 잡으면서 문제가 발생했습니다. 식품학 1세대들은 주로 가정학을 바탕으로 한국 음식을 만드는 데 관심을 가지고 있었습니다. 조선시대 문헌에 나오는 음식들을 실제로 재현해보거나 그 음식을 통해 식품사를 연구하기도 했지요. 그런데 1960년대 이후 식품의 영양학적 측면이 강조되고 미국에 유학하여 생화학 분야에서 학위를 받은 분들이 주류가 되면서 식품사 연구는 진척이 없게 되었습니다.

정창권   제가 연구하는 여성 문학사에서도 비슷한 문제들이 드러납니다. 특히 한국 여성사의 전통을 조선 말기와 근·현대에서만 찾다 보니 패배주의적 의식을 가지고 여성사를 기술하는 경향이 나타납니다. 그 결과 남성들은 폭력을 행사하고, 여성들은 늘 피해를 당해 한이 맺혀 있는 그런 모습만 비춰지게 된 거죠. 최근에는 지금까지 보지 못했던 문집이나 야사 등을 살피고 당시의 풍속, 사회 이면에 있었던 문제들을 끌어오면서 사실史實 자체에 관심을 가지기 시작했습니다.

주영하 역사학에서 볼 때 분야사와 특수사의 가장 큰 문제점은 역사가 없다는 것입니다. 가령 이능화의 경우 비록 조선의 무속사나 기생사 등을 정리했지만, 왕조 중심으로 시대를 구분하는 정도에 머물고 있다고 해도 과언이 아닙니다. 역사의식이 내재되어 있지 않은 상황에서 '너희들 이건 몰랐지? 옛날사람들은 이렇게 살았단다' 하는 식으로 정보만 제공하고 있을 뿐입니다.

생활사 연구의 방법

주영하 최근 고문서나 각종 문헌들이 많이 수집되어 이른바 생활사 연구의 대상을 넓혀주고 있는 것이 사실입니다. 하지만 쏟아져 나오는 고문헌들만을 대상으로 생활사를 연구한다는 것은 쉽지 않은 일입니다. 생활사 연구의 대상 자료에는 무엇이 있고, 그것을 어떻게 다루어야 할까요?

김 호 저는 고문서를 많이 모으면 그동안 몰랐던 것을 많이 알 수 있을 거라고 생각했어요. 그런데 전혀 그렇지가 않더군요. 이미 알고 있는 내용들이 상당히 많고, 기존에 출간되어 있는 자료들을 활용해도 얼마든지 그동안 주목하지 않았던 것들에 대한 글을 쓸 수 있습니다. 문제는 중요하다고 생각하는 것이 변했다는 점입니다. 예컨대 복식사만 해도 그동안에는 단순히 옷의 치수를 재고 모양을 파악하는 일이 중요한 과제였습니다. 하지만 최근에는 원래 옷이 짧았는데 길어졌다든지 하는 변화에 관심을 갖고 그러한 변화가 일어나게 된 역사적 원인이나 이유를 해명하는 데 노력을 기울입니다. 이런 식으로 각 분야에서 중요하다고 생각하는 관점이 변함에 따라 연구 자료도 달라지는 것이 아닌가 싶습니다.

주영하   그렇다면 생활사의 연구 방법은 무엇일까요?

김 호   역사적인 관점에서 보자면 생활사는 분야사가 아니라 하나의 종합적인 학문 분야라고 할 수 있습니다. 표현은 '생활사'라고 간단히 말하지만 사실은 굉장히 종합적이기 때문에 '역사란 무엇인가' 하는 질문처럼 모호한 부분이 많습니다. 그런데 그동안은 역사 또는 생활에 대한 연구가 각기 나름의 경향을 따라 진행되어왔기 때문에 별 문제가 되지 않았습니다. 그러다 사회적 요구 때문이든 학문적 성과의 결과 때문이든 각 학문이 만날 수밖에 없는 상황에 봉착했는데, 이때 여러 분야를 다 포함할 수 있는 용어를 찾다가 '생활사'라는 표현을 쓴 것 같아요. 좀 속되게 표현하자면 이규경은 시골에 혼자 앉아서 알기는 알고 싶고 정보는 부족하다 보니 한 가지를 알게 되면 곧바로 변증의 대상으로 삼은 듯합니다. 사실 오늘날의 생활사도 이런 경향이 없지 않습니다. 하지만 모든 것은 다 존재의 가치가 있고 연구할 가치가 있다는 말은 옳지 않다고 생각합니다. 연구에는 반드시 유의미한 것과 무의미한 것을 구별하는 기준이 있어야 하고 그 기준은 바로 현재가 되어야 합니다. 따라서 우리에게 당장 필요한 역사가 무엇인가에 대한 논의가 필요할 것 같아요. 그래야 생활사의 대상으로 삼을 필요가 있는 것을 명확히 하고 가능한 한 방향으로 연구를 진행해 나갈 수 있지 않을까요?

주영하　사실 의식주에만 국한하여 본다면 의식주의 변화는 역사를 바꾸는 원동력이 되기보다는 역사의 반영물로 나타나는 경향이 강합니다. 즉 시대적 패러다임이 바뀌면서 의식주에도 변화가 생기는 것이지요. 따라서 시대적 패러다임의 변화가 이른바 '생활'에 어떤 영향을 미쳤는지를 밝히지 않으면 오늘날의 '생활사'는 그야말로 잡학雜學이 되고 말 가능성이 높습니다. 이런 점을 감안할 때 저는 이제 민속학이, 전근대와 근대의 전환 과정에서 우리나라 사람들이 어떻게 그 시대에 적응해왔는가 하는 점을 살피는 데 주력해야 한다고 생각합니다. 예를 들어, 일제시대에 들어와 기와집이 크게 유행합니다. 옛날에 부자들이 살던 집이 기와집이라, 부를 축적한 농민이나 상민이 제일 먼저 한 일 중 하나가 바로 초가를 기와집으로 바꾸는 것이었습니다. 여기서 중요한 것은 구체적인 사실을 나열하는 것이 아니라 이러한 변화가 일어나게 된 시대적 맥락과 원인을 밝히는 것이라는 점을 분명히 인식해야 합니다.

김　호　그 변화의 양상과 원인, 시대적 맥락을 밝히는 것, 그것이 바로 역사학입니다. 여기서 제가 말하는 역사학은 하나의 분과, 즉 국문학에 대항하는 역사학 또는 민속학에 대항하는 역사학을 의미하는 것이 아닙니다. 사실 역사는 인문학의 기초거든요. 지금 역사학자들이 스스로 역사학을 하나의 분과로 만들고 있는 것은 큰 문제입니다. 아날학파는 '인문·사회과학은 다 역사이다. 왜냐하면 역사학은 사회과학의 기초이자 왕이기 때문'이라고 주장했습니다. 이것은 역사학이 잘났다는 것이 아니라 역사학적인 토대 위에서 모든 것이 재구성될 때 힘을 받는다는 뜻이지요. 저는 이 주장에 동의합니다. 사람들은 역사학의 팽창을 역사학이 자기 영역을 넘어서서 남의 영역을 침범하는 것으로 받아들일 수도 있을 겁니다. 하지만 궁극적으로 역사학이 완전히 자기 모습을 없애고 다른 학문 분야와 섞여야만 비로소 제 기능을 발휘할 수 있고, 진정한 의미의 생활사 연구도 자리 잡게 될 거라고 생각합니다. 제가 앞에서 연구의 기준이 중요하다고 이야기한 것도 생활사 연구의 분파적 성격을 지양하고 역사학의 바탕 위에서 다양한 학문이 연계해야 한다는 점을 강조하기 위해서였습니다.

주영하 복식사를 자연과학적 입장에서 공부하신 김소현 선생님은 어떻게 생각하세요?

김소현 저는 관점이 약간 다릅니다. 역사학을 바탕으로 연구의 기준을 설정하는 것도 좋지만, 여러 분야에서 시시콜콜한 것까지 살피는 것도 나름대로 의미가 있다고 생각합니다. 우리가 살펴본 오주는 그야말로 잡다한 걸 다 기록으로 남겼습니다. 그래서 보통은 그를 '희한한 사람'이라고 생각하지만, 그 덕분에 생활 속에 파묻혀버리고 말았을 법한 사실들을 지금 알 수 있게 된 것이 아닌가 싶어요.

김 호 생활사는 통합 학문으로 나아가야 함에도 불구하고 아직까지 많은 사람들이 생활사를 한 분야, 한 영역으로 오해하고 있습니다. 따라서 생활사를 전체적인 역사를 아우르기 위한 하나의 개념적 도구로 확대시키기 위해서는 생활사를 하나의 분야로 여기는 기존의 상식을 깨야 합니다. 여기서 '생활사'라는 용어의 문제가 다시 대두되는데요, 전체사나 사회사 혹은 문화사라는 여러 용어가 있는데 굳이 생활사라는 말을 써서 오해를 살 필요가 있는지 모르겠습니다. 어쨌든 이른바 생활사가 갖고 있는 협의의 개념을 뛰어넘어서 전체적인 학문을 지향하는 생활사의 개념을 새롭게 규정하는 것이 시급한 과제라고 생각합니다.

주영하 생활사를 의식주나 일상생활 같은 아주 좁은 의미에서 이해해
서는 안 됩니다. 오히려 생활사 연구의 궁극적인 목표를 '어떤 생각
과 인식 속에서 시대정신이 움직여왔는가'를 밝히는 데 두는 것이
중요합니다. '나는 복식 전공자니까 복식만 연구한다' 또는 '나는
음식만 연구한다' 이런 자세에서 벗어나 복식이나 음식, 세시 풍속
을 통해 시대정신의 변화를 밝힌다는 입장을 갖는 것이 바람직하지
않을까 싶습니다.

김 호 궁극적으로는 자기가 역사 연구자다, 복식 연구자다 하는 개념
조차 없애버리는 게 좋을 것 같아요. 그런 개념에 얽매여서는 제대
로 연구할 수가 없으니까요. 말 그대로 제대로 연구하기 위해서는
역사 연구자도 복식학을 공부해야 하고, 복식학 연구자도 역사를 공
부해야 합니다. 요즘 연구자들은 세부적인 부분에 무지한 경우가 많
습니다. 예를 들자면 옷도 꿰맬 줄 모르면서 복식에 대해 이러쿵저
러쿵 이야기하는 역사 연구자도 있고, 반대로 옷 만드는 방법에 대
해서만 이야기하는 복식사 연구자도 있거든요. 앞으로는 이 두 분야
를 다 알고 상호 연결해 연구할 수 있는 연구자가 나와야 합니다. 역
사학자도 아니고 복식학자도 아닌, 새로운 스타일의 차세대 연구자
가 나와야 하는 거죠.

주영하 그렇습니다. 그동안 민속학이나 문학, 복식학 등 다양한 학문
분야에서 사소한 일상사에 대해서는 관심을 가지고 있었지만, 그것
을 포괄적인 역사의 변화라는 틀 속에서 바라보지는 못했습니다. 모
두가 동의한 바와 같이 이런 점은 앞으로 극복되어야 합니다. 우리
가 살핀 오주 이규경은 본인이 살던 시대에 변화하고 있던 사소한
여러 가지 현상에 관심을 가지고 그것을 변증하여 『오주연문장전산
고』라는 책을 남겼습니다. 그러나 오주에게는 역사적 변화, 즉 패러

다임의 변화를 읽는 안목은 부족했던 것 같습니다. 이런 점에서 볼 때 우리의 생활사 연구는 사소한 것에 관심을 기울이는 것은 물론이고 세상의 변화를 가져오는 역사적 원인을 밝히는 방향으로 나아가야 할 필요가 있습니다. 이것이 오주 이규경에 대한 연구를 통해 우리가 배울 수 있는 점이라고 생각합니다.

찾아보기 1

찾아보기 2 ―주요 변증설